跨区域城市轨道交通建设与运营实践

吴　楠　主　编

人民交通出版社股份有限公司
China Communications Press Co.,Ltd.

内 容 提 要

本书以国内首条跨省(市)城市轨道交通线路——上海轨道交通11号线北段工程(上海安亭站—江苏花桥站)的建设与运营为背景,系统论述跨区域城市轨道交通项目的协同管理模式、工程设计管理、建设投资控制管理、建设质量与安全管理、工程验收管理、运营管理以及主要技术创新等内容。

本书可供从事城市轨道交通投资、建设、运营等的技术和管理人员参考。

图书在版编目(CIP)数据

跨区域城市轨道交通建设与运营实践 / 吴楠主编
. — 北京 : 人民交通出版社股份有限公司, 2019.5
ISBN 978-7-114-15474-4

Ⅰ. ①跨… Ⅱ. ①吴… Ⅲ. ①城市铁路—铁路工程—工程施工 ②城市铁路—交通运输管理 Ⅳ. ①U239.5

中国版本图书馆CIP数据核字(2019)第070795号

书　　名: 跨区域城市轨道交通建设与运营实践
著 作 者: 吴　楠
责任编辑: 李　喆
责任校对: 赵媛媛
责任印制: 张　凯
出版发行: 人民交通出版社股份有限公司
地　　址: (100011)北京市朝阳区安定门外外馆斜街3号
网　　址: http://www.ccpress.com.cn
销售电话: (010)59757973
总 经 销: 人民交通出版社股份有限公司发行部
经　　销: 各地新华书店
印　　刷: 北京盛通印刷股份有限公司
开　　本: 720×960　1/16
印　　张: 8
字　　数: 124千
版　　次: 2019年5月　第1版
印　　次: 2019年5月　第1次印刷
书　　号: ISBN 978-7-114-15474-4
定　　价: 50.00元
(有印刷、装订质量问题的图书由本公司负责调换)

兆丰路站

光明路站

花桥站

沪宁高速公路跨线桥

同三高速公路跨线桥

车控室

开关柜室

泵房

《跨区域城市轨道交通建设与运营实践》

编写委员会

主编单位：昆山市轨道交通投资发展有限公司

参编单位：同济大学

主　　编：吴　楠

副 主 编：肖军华　刘　辉

编写委员会：孟　超　闵荷琼　仝　炜　张　苏　汤　峰
解廷伟　任　捷　吴鋆杰　单　杰　翟利华
郑　翔　余启航　丁　潮　张　波　施　剑
陈佩佩　何　亮　何　尧　陈思捷　陈星欣
张　骁　刘琤玉　吴春洋

Preface 前言

近几年，随着国内区域经济一体化发展，我国跨区域城市轨道交通需求越来越大。鉴于跨区域的特殊性，跨区域城市轨道交通在投资、建设、运营、维护等方面均有其独特性，需深入思考和研究。本书基于国内首条跨省级行政区的城市轨道交通线路——上海轨道交通11号线江苏段工程投资、建设与运营实践，对跨区域城市轨道交通项目前期筹划、投资、建设管理、运营维护、日常管理、技术创新等方面进行总结和探索，以供类似项目参考。

本书共分为8章，第1章为项目概述，第2章为项目协同管理模式，第3章为工程设计管理，第4章为建设投资控制管理，第5章为建设质量与安全管理，第6章为工程验收管理，第7章为运营管理，第8章为主要技术创新。本书由昆山市轨道交通投资发展有限公司高级工程师吴楠博士担任主编，同济大学肖军华教授等担任副主编，参与本书编写的有同济大学、东南大学、上海申通地铁集团有限公司、昆山市轨道交通投资发展有限公司等相关单位的技术和管理人员。

感谢中国中车股份有限公司、上海申通地铁集团有限公司、上海轨道交通申嘉线发展有限公司、上海地铁第二运营有限公司、上海市城市建设设计研究总院(集团)有限公司、中国铁路设计集团有限公司、中铁工程设计咨询集团有限公司、中铁电气化勘测设计研究院有限公司、中铁上海设计院集团有限公司、上海勘察设计研究院(集团)有限公司、上海建工集团股份有限公司、中铁一局集团有限公司、中铁二局集团有限公司、中铁三局集团有限公司、中铁四局集团有限公司、中铁上海工程局集团有限公司等单位对上海轨道交通11号线江苏段工程建设和运营的支持。

由于编者水平有限，书中难免存在缺点和错误，希望广大读者不吝指正。

编著者

2018年12月

Contents 目 录

第1章 项目概述

1.1 建设背景和意义

1.1.1 城市现状及规划

上海市位于我国沿海和沿江“T”字形轴线地带的交汇点上，长江三角洲平原的东缘，东濒东海，南临杭州湾，西接江苏、浙江两省，北接长江入海口，集黄金水道和黄金海岸优势于一身，对内对外交通联系便利，区位优势得天独厚，是我国对内、对外两个辐射面的中心。

上海市市域面积为6340.85km^2，其中陆域面积为6218.65km^2，南北长约120km，东西宽约100km。上海市目前辖16个区级行政区，分别是：黄浦区、徐汇区、长宁区、静安区、普陀区、虹口区、杨浦区、浦东新区、闵行区、嘉定区、宝山区、金山区、松江区、青浦区、奉贤区、崇明区。根据最近几年的人口总量变化趋势和中心城控制性单元规划及区县域总体规划，预计到2020年，全市常住人口规模将达到2500万人[1]。

江苏花桥国际商务城西邻昆山国家级开发区，东倚上海国际汽车城，地域面积50km^2，距昆山市中心16km，距上海人民广场32km，距虹桥机场25km、浦东机场65km。2005年8月，江苏省委、省政府提出把商务城建成江苏省发展现代服务业的示范区，并列入省“十一五”规划重点服务业发展项目，是江苏省三大商务集聚区之一，2006年8月被批准为省级开发区。2007年6月又被列为江苏省国际服务外包示范基地。

(1)上海市城市发展规划

新一轮上海市城市总体规划定义了上海市的城市性质是我国重要的经济中心和航运中心，国家历史文化名城，并将逐步建成社会主义现代化国际大都市，成为国际经济、金融、贸易、航运中心之一；上海市的城市发展目标是到2020年，把上海初步建成国际经济、金融、贸易、航运中心之一，基本确立上海国际经济中心城市的地位，发挥上海国际、国内两个扇面辐射转换的纽带作用，进一步促进长江三角洲和长江经济带的共同发展；上海市的城市发展方向是拓展沿江沿海发展空间，形成由宝山新城、外高桥港区（保税区）、空港新城、海港新城、上海化学工业区、金山新城等组成的滨水城镇和产业发展带;继续推进浦东新区功能开发和形象建设;集中建设新城和小城镇;将崇明作为21世纪上海可持续发展的重点战略空间,深入研究崇明的功能定位和发展重点,为加快崇明岛的发展和建设奠定基础;上海市的城镇体系将着眼于长江三角洲区域整体,按照城乡统筹发展的基本方针,以中心城为主体,形成“多轴、多层、多核”的上海市域空间布局结构[1]。

多轴:由沪宁、沪杭和滨江沿海发展轴组成上海城市发展主轴线。

多层:按照中心城、新城、新市镇和一般镇四个层次构建市域城镇和居住体系,加快中心城和郊区的联动发展,中心城体现繁荣繁华、郊区体现实力水平。

多核:以中心城和郊区新城为核心形成多核的市域空间分布格局,近期重点发展位于城市发展主轴线上的松江区、嘉定区和临港新城。

(2)花桥国际商务城发展规划

花桥国际商务城规划定位为江苏省未来三大商务中心之一,长三角地区具有竞争力的现代服务业示范区,上海经济圈内以商务服务为核心功能的国际化、生态型的综合性商务城。在空间布局上呈“一轴、两心、三片区、多组团”的城市空间格局。

“一轴”:是指沿沪宁交通走廊形成的城市发展轴。它贯穿城市东西片区的同时又将城市北部的工业片区和南部的生活、办公片区有机地分割开来,减少北部工业区对城市环境的影响。

“两心”:是指花桥国际商务城内的生活配套中心和商务办公中心。继续改造、完善原有花桥地区的生活配套中心,同时在老镇区东部和徐公桥路西部的区域内打造新的国际商务中心,形成花桥国际商务城地标。

“三片区”:在现有城市发展格局的基础上,合理调整城区功能布局和现状用地,形成三大功能片区,分别为依托老镇区的西部生活配套区、控制发展的北部产业集聚区和重点建设的东部商务综合区。

“多组团”:规划结合片区各自不同的发展重点和方向,采取相应的发展策略,在三大片区内形成若干个相对独立的功能组团。

1.1.2 城市轨道交通现状

(1)上海市轨道交通现状

截至2018年,上海市已建成运营的轨道交通线有1号线、2号线、3号线、4号线、5号线、6号线、7号线、8号线、9号线,10号线、11号线、12号线、13号线、16号线、17号线、浦江线、磁浮线等,运营里程约705km。为进一步缓解城市客运交通的突出矛盾,上海市将继续加快轨道交通建设,扩大轨道交通覆盖区域,形成“十字加环、多向辐射”的轨道交通基本格局,建立沟通核心区和外围的轨道交通联系。

(2)昆山市轨道交通现状

根据《昆山城市轨道交通线网规划(简本)》(图1-1),昆山市轨道交通线网规划7条线路,约165.2km。其中,正启动建设的轨道交通S1线长度约41km,车站28座,均为地下线,平均站间距1.52km,与上海轨道交通11号线花桥站接驳,经昆山后最终连接苏州地铁3号线。

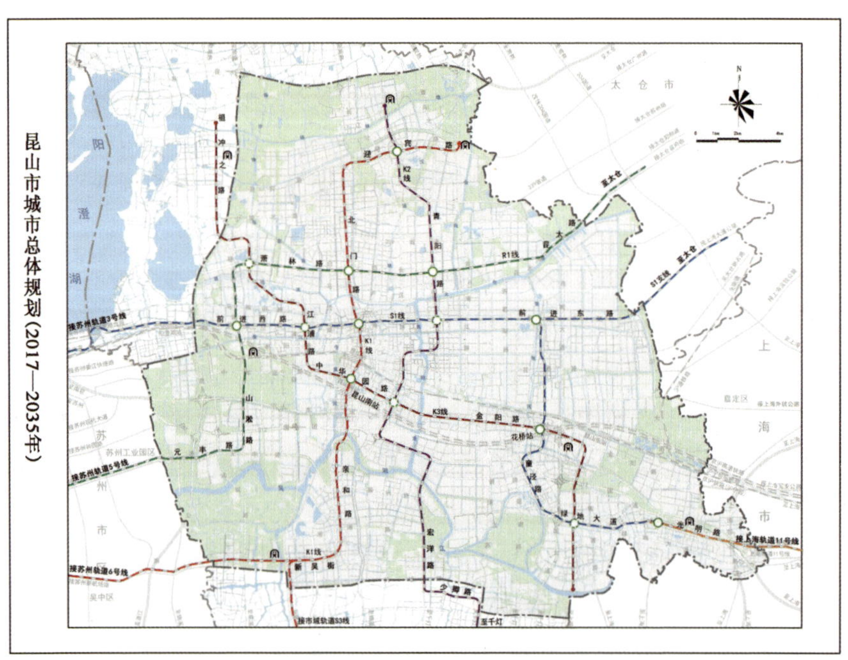

图1-1 昆山市轨道交通线网规划图

(3)上海轨道交通 11 号线江苏段工程

上海市轨道交通 11 号线是上海市轨道交通网络中构成线网骨架的 4 条市域线之一,全长 82.4km(包括主线及支线)。主线从嘉定经中心城至浦东新区,是连接上海市西北地区—中心城—浦东新区的一条主干线,同时线路在西北的嘉定新城站设一条支线连接上海国际赛车场和安亭汽车城,线路将上海市规划建设的嘉定新城、浦东新区与中心城紧密地联系起来,并与轨道网络 17 条线中的 14 条轨道线及国家铁路相互换乘,在网络中具有重要的地位。

为深化上海与江苏之间的经贸合作,加速长三角地区一体化进程,加强空间上的衔接,拓展合作发展新的领域,2010 年,在国家发展和改革委员会的认可和支持下,上海市和江苏省政府达成共识,将上海轨道交通 11 号线北段支线由安亭站延伸至江苏昆山花桥商务城,如图 1-2 所示。

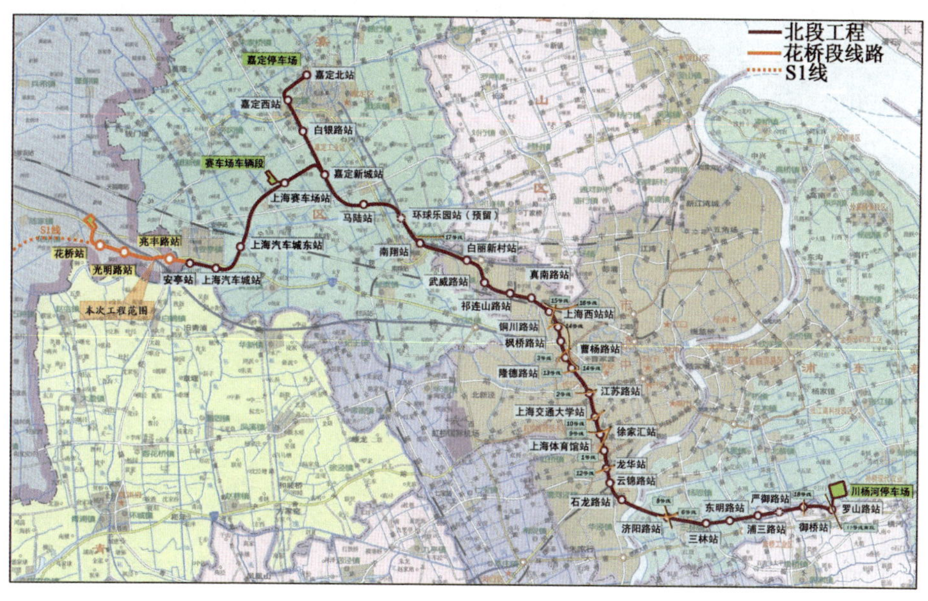

图 1-2　上海市轨道交通 11 号线北段工程线路走向图

为此,本书所述项目是:上海市轨道交通 11 号线北段工程(安亭站—花桥站)(以下简称上海轨道交通 11 号线江苏段)。该项目东起上海安亭站,西至江苏昆山花桥站,其间穿越沪宁高速公路、上海同三高速公路,线路全长 6.002km,均为高架线,设 3 座车站,分别为兆丰路站、光明路站和花桥站,最大站间距

3.302km,最小站间距1.128km,预留远期花桥停车场1座。根据客流预测,上海轨道交通11号线江苏段线路建成之后,全日客运量在初、近、远期分别增加约2.5万人次、8万人次、10万人次。在不考虑轨道线路继续和昆山市域线联通的情况下,上海轨道交通11号线江苏段将承担花桥经济开发区内部5%的出行量,昆山花桥与上海市之间15%的客流量,具有较高的公交优先发展效益[1]。

上海轨道交通11号线江苏段工程的主要建设历程如下:

2010年9月30日,国家发展和改革委员会同意将原批准的上海轨道交通11号线北段工程由上海安亭站延伸至江苏花桥站;

2010年10月26日,上海轨道交通11号线江苏段工程举行奠基仪式;

2011年1月25~27日,对上海轨道交通11号线江苏段工程初步设计进行评审;

2011年6月30日,上海轨道交通11号线江苏段工程举行开工仪式;

2012年12月28日,上海轨道交通11号线江苏段工程全线土建结构贯通;

2013年3月5日,上海轨道交通11号线江苏段工程全线铺轨施工完成;

2013年4月18日,上海轨道交通11号线江苏段工程全线受电;

2013年4月28日,上海轨道交通11号线江苏段工程列车第一次上线调试;

2013年8月29~30日,上海轨道交通11号线江苏段工程举行竣工预验收会(江苏组织);

2013年9月13日,上海轨道交通11号线江苏段工程召开试运营前安全验收专家评审会;

2013年10月6~8日,上海轨道交通11号线江苏段工程召开试运营基本条件专家评审会(上海组织);

2013年10月16日,通车试运营;

2016年1月1日,江苏正式接管上海轨道交通11号线江苏段运营管理。

1.1.3 项目建设意义

上海轨道交通11号线江苏段工程的规划建设,不仅促进长三角一体化和多层次轨道交通网络的形成,而且作为全国首条跨省城市轨道交通推动区域一体化发展的探索,在对沪苏两地乃至长三角一体化发展发挥重要作用的同时,也为全国诸如京津冀、珠三角等在内的区域一体化发展起到十分重要的示范意义。

（1）有利于推进长三角一体化的快速发展

2008年9月，国务院颁布《进一步推进长江三角洲地区改革开放和经济社会发展的指导意见》，2018年11月长三角一体化发展正式提升至国家战略层面。

从现状看，包括长三角在内的国内区域发展，仍处于以行政区划经济为主体的发展模式。在此背景下，江苏、上海两地先试先行，探索以城市轨道交通推进区域一体化发展，两省市于2009年对上海轨道交通11号线江苏段项目达成共识，建立江苏昆山与上海市核心区、西部新区之间的客运交通联系，认为该项目对推动长三角经济和交通一体化有着非常积极的示范意义，有利于加快长三角服务业的快速提升，实现区域"互惠共赢"。在此背景下，该项目正式立项启动。

（2）有利于长三角多层次的轨道交通网络的形成

目前，除上海外，长三角其他城市的轨道交通尚处于各自规划与单（多）线建设阶段，城际轨道交通和城市轨道交通分属国家和地方，相互衔接不足。

上海城市轨道交通跨界引至江苏，并通过与规划中的苏州城市轨道交通网络相互衔接，为实现跨区域城际轨道交通和城市轨道交通的连通、形成多层次轨道交通换乘模式创造良好条件，为区域一体化轨道交通网络的形成起到先行和示范作用。

上海轨道交通11号线江苏段工程的建成，能够加快推进上海周边苏州、无锡、南通等城市轨道交通建设与衔接，加快长三角城市间轨道交通网络的融合，促进城市轨道交通与周边土地利用协调发展的新格局。

（3）有利于促进沪苏两地的经济交流

该项目有利于疏解上海中心城区的高密度人口。上海作为长三角地区人口和人力资本高度集聚的首位城市，在有限的地域上，产业、要素高度集中。在交通引导发展（TOD）模式指导下，通过城市轨道交通的跨界延伸，可以有助于形成"住在江苏，工作在沪"的生活方式，有利于疏解上海中心城区的高密度人口。

有利于拓展上海产业空间，降低商务运作成本。上海是人才聚集的高地，每年有大量的科研成果和孵化项目，通过城市轨道交通的跨界延伸，可以形成"研发在上海，生产在江苏"的产业分工格局，拓展上海产业空间，降低运作成本。

有利于公共交通优先战略的实施。通过城市轨道交通的跨界延伸，在车站周边合理布置"P+R"换乘枢纽，引导和鼓励乘客乘坐公共交通进入上海，降低出行成本的同时,可以有效疏解交通流量,解决停车难问题。

(4)有利于促进江苏花桥国际商务城的加快发展

江苏花桥国际商务城区位优势独特,它是江苏省未来三大商务中心之一,是长三角地区具有竞争力的现代服务业示范区,是上海经济圈内以商务服务为核心功能的国际化、生态型、综合型开发区。

上海轨道交通11号线江苏段工程的建设,有利于促进花桥国际商务城尽快融入上海,加速其成为带动长三角区域现代服务业的增长引擎,成为"融入上海、面向世界、服务江苏"的长三角独具特色的现代服务业中心。

同时,该项目的建设有利于改善花桥地区的交通状况,为花桥居民提供便捷的交通方式。

1.2 跨区域项目合作方式

鉴于跨省(市)城市轨道交通项目的特殊性,国内无相关经验可以借鉴。经上海、江苏两地共同探索研究,上海轨道交通11号线江苏段工程在两地合作共建的基础上,拓宽合作范围,涵盖项目投资、建设、竣工验收、运营维护保养,明确在建设和运营过程中涉及投资主体、项目申报、建设管理、运营维护保养、日常管理五个方面。

从投资主体看,由江苏方指定出资主体,负责该项目的投融资工作,并作为投资主体承担该项目工程建设、运营及维护保养的相关费用。在建设过程中,全程实施项目建设投资跟踪审计。

从项目申报看,由上海与江苏两家建设合作方联合向江苏、上海两省市主管部门申报项目立项,再由两省市向国家主管部门申报。

从建设管理看,根据属地化原则,双方各自负责上海轨道交通11号线江苏段工程项目所属区域的前期手续办理、动拆迁、管线搬迁等工作,并由江苏委托上海实施该项目的工程代建管理。同时,工程建设相关监管工作,由上海实施。

从运营维护保养看,为便于项目统一运营、维护保养管理,由江苏委托上海实施该项目的运营和维护保养管理。该项目的票务统一纳入上海市轨道交通网络票价体系。按照收支两条线原则,项目的票务收入纳入上海轨道交通网络的票务清分系统统一清分,运营收入归江苏,运营和维护保养成本由江苏与上海按实结算。

从日常管理看，参照属地化管理原则，上海、江苏各管辖区域内的治安、消防、城市管理、公共交通等日常管理由各自负责实施，但为便于突发事件的应急处理，在两地间建立应急联动机制。

1.3 工程主要技术特征

1.3.1 主要技术标准

(1)平面线形

区间正线:350m。

辅助线:250m,困难时可为150m。

车站:站台段线路宜设在直线上,困难地段可设在半径不小于800m的曲线上。

(2)线路纵坡

区间正线:最大纵坡为30‰。

辅助线:最大纵坡为40‰。

车站正线:高架车站一般设在平坡段上,困难条件下可设在坡度不大于3‰的坡段上。

道岔一般设在坡度不大于5‰的坡段上,困难地段可设在坡度不大于10‰的坡段上。

高架折返线、存车线宜为平坡,困难情况下其坡度不宜大于1.5‰。

(3)轨道

轨距:1435mm。

正线采用60kg/m钢轨,9号道岔。

车场线采用50kg/m钢轨,7号道岔。

(4)车站建筑

①按6节车厢(A型车)编组设计,站台计算长度140m。

②车站形式:本工程车站形式根据线路、结构、限界、设备等要求,结合环境、城市规划等因素进行设计。

③换乘:在兆丰路站远期预留与苏州市域轨道交通 S1 线换乘条件。

(5)结构与防水

高架车站主体采用“建桥合一”结构。桥梁结构根据线位、航运、施工等要求,分别采用预应力混凝土简支梁和连续梁。

①设备用房或站台顶板不允许滴水,应满足房屋结构防水一级标准。

②高架结构桥面应设置连续、整体密封、耐久的附加防水层。

③桥面应设置通畅的排水系统,且应便于检查和维修。

④桥梁伸缩缝应设置可伸缩的专用装置,并嵌填密封。

(6)车辆基地

本工程沿用原上海轨道交通 11 号线北段的车辆选型和列车编组,即采用 A 型车、6 辆编组。根据全线行车交路、车辆配属车数量和检修工作量,结合沿线车辆基地的选址条件,在已有的上海赛车场车辆段、嘉定辅助停车场、川杨河停车场的基础上,远期在江苏花桥站附近设花桥停车场,全线远期形成一段三场布局,如图 1-3 所示。

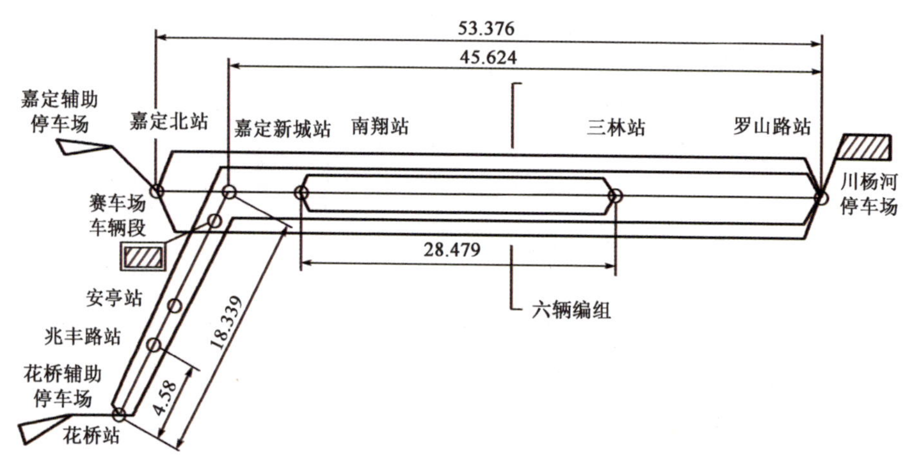

图 1-3 全线停车场布局(尺寸单位:km)

其中,花桥停车场在远期建成,由停车场和综合维修工区组成,承担本工程部分配属车辆停放、运用、检修、管理,不考虑月检及以上修程,停放能力为 12 列车。初期利用花桥站站后折返线兼作存车线,方便花桥站早发车,停放能力为 3 列。

(7)机电工程

①供电:本工程设1座主变电所,沿线的沿沪大道、纬三路附近市政设施内有一35kV电源,可为本工程提供电源;设有牵引降压混合变电所2座,采用柔性悬挂接触网供电;设置电力监控系统,实现对全线供电系统的集中管理。

②通风与空调:高架车站以自然通风及开窗自然排烟为主,重要生产管理用房设置空调系统。

③给排水及消防:给水采用城市自来水,各站点从市政自来水系统引入两根进水管路,消防管采用环状布置,生产、生活用水在其中一路进水管上接出;雨水及处理达标的污水废水就近排入城市雨水、污水系统;全线消防按同一时间一处火灾设计。

④通信:全线设置完整的通信系统,包括综合有线传输、公务通信、专用通信、无线通信、时钟、通信电源及接地、综合网络管理等子系统。

⑤信号:正线采用基于通信方式的移动闭塞列车自动控制ATC系统,包括列车自动监控(ATS)、列车自动防护(ATP)、列车自动运行(ATO)三个子系统。

⑥设备监控:对车站内的通风空调系统、给排水系统、照明系统、垂直电梯及自动扶梯等设备实施有效的运行监视和控制,建立设备管理历史数据库,生成各类统计报表。

⑦防灾报警:设防灾控制中心和车站控制室两级管理系统。

⑧售检票系统:采用自动售检票系统,票务管理采用清算中心、控制中心和车站三级管理方式。

⑨安全门:在高架车站设置站台安全门。

⑩自动扶梯及电梯:车站设置自动扶梯,在敞开式出入口处选用全露天室外型。在车站、控制中心和车辆段(场)设置电梯,有条件的车站设置观景电梯。

1.3.2 工程主要参数

(1)自然特征和地质概况

昆山市地处长江下游太湖平原,表硬壳层为黄褐色亚黏土,构成本区浅表硬壳层,第二层为灰褐色亚黏土。地铁沿线地区软土分布相对最发育的部位,以淤泥质粉质黏土和淤泥质黏土为主要土层，地层分布由上至下主要为填土(以黏性土为主，土质松软)、粉质黏土(含铁质氧化斑点，夹青灰色条纹，稍有光泽，无摇振反应，干强度中等，韧性中等)、淤泥质粉质黏土(含少量腐殖质及有机质，稍有光泽，无摇振反应，干强度中等，韧性中等)、粉质黏土夹粉土(呈互层状分布，水平层理发育，呈"千层饼"状层理，偶见贝壳碎片，稍有光泽，摇振反应慢，干强度中等偏低，韧性中等偏低)、粉质黏土(较均质，上部含少量粉粒，无层理发育，底部夹粉土、粉砂薄层，稍有光泽，无摇振反应，干强度中等，韧性中等)、砂土(以石英及长石为主要矿物成分)、粉质黏土(夹少量粉土、粉砂薄层，稍有光泽，无摇振反应，干强度中等，韧性中等)等夹层形式。各土层沿线路分布情况如图1-4所示。

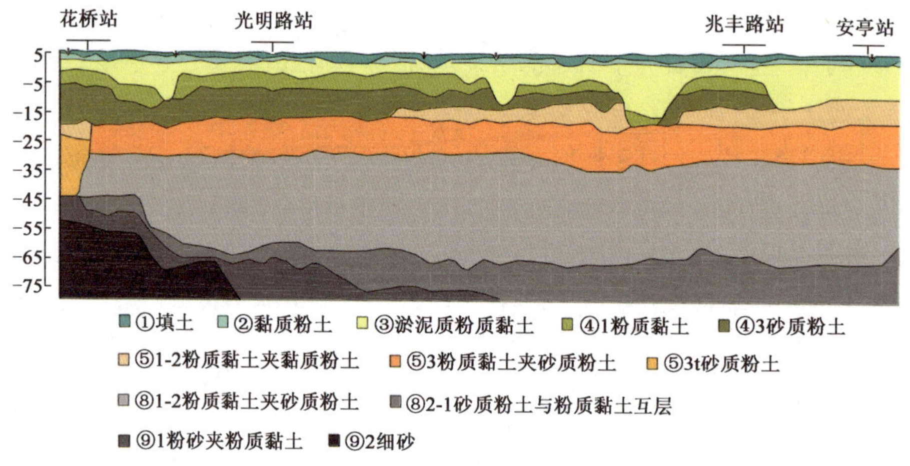

图1-4 沿线地质剖面图

昆山市为亚热带海洋性季风气候，四季分明，降水充沛，年平均降水量为1077.6mm。其中，冬半年(11～次年4月)平均雨量363mm，夏半年(2～10月)平均雨量694mm。区域内浅部地下水主要有孔隙潜水和微承压水。孔隙潜水主要赋存于浅层黏性土中，富水性差，以地面蒸发为主要排泄方式。地下水潜水位稳定，水位埋深一般在0.25～0.54m之间，其相应高程一般在1.00～1.41m之间，平均为1.71m。场地中下部分布有(微)承压水(⑤3、⑧2-2、⑨层)，(微)承压水位埋深一般为3～11m，一般呈周期性变化。主要补给来源为浅部地下水的垂直入渗以及地下水的侧向径流，且以地下水侧向径流为主要排泄方式。本项目勘察范围及周围未见明显污染源，场地地下水环境类别为Ⅲ类。

(2)车站结构

上海轨道交通11号线江苏段工程车站基本信息见表1-1。

车站基本信息 表1-1

站名	结构形式	长度(m)	宽度(m)	基础形式
兆丰路站	建桥合一高架三层岛式车站	145	17.2	ϕ800mm钻孔灌注桩
光明路站	建桥合一高架三层侧式车站	145	22	ϕ800mm钻孔灌注桩
花桥站	建桥合一高架三层侧式车站	145	22	ϕ800mm钻孔灌注桩

(3)区间高架结构

一般路段，区间高架上部结构采用与11号线北段一期一致的简支双线蝶形预制组合小箱梁(局部路段采用上下行线分开的单线组合小箱梁)，标准跨径分别为25m、30m。对于部分单跨不超过35m，且上下线分开的多跨混凝土连续梁，以及在进出站前后的道岔区，桩基形式通常为8+8根~12+12根ϕ800mm钻孔灌注桩，桩长57~61m。双线简支梁桩基主要分为两种：一种是12~16根ϕ800mm钻孔灌注桩，桩长45~57m；另一种是在光明路站前后部分区段，采用16根ϕ600mmPHC桩，桩长38~41m。标准跨径简支梁的两种基础形式见图1-5。

SDK0+528.000~SDK0+553.000段，跨兆丰路处，由于跨径较大，采用25m+40m+25m三跨预应力混凝土箱梁，下部结构采用钢筋混凝土桥墩和ϕ800mm钻孔灌注桩，根数按里程自小到大依次为12根、16根、20根、13根，桩长61m。

SDK1+234.000~SDK1+282.500段，跨曹新路曹安公路处，由于跨径较大，且桥面变宽，采用简支钢-混凝土叠合梁结构，钢筋混凝土桥墩，10+10根ϕ800mm钻孔灌注桩，桩长55m。

SDK1+677.500~SDK1+787.500段，为主线高架上跨同三国道高架，采用41.5m+68.5m+41.5m变高度预应力混凝土连续箱梁，采用悬臂挂篮现浇的施工方法。相应地，下部结构采用钢筋混凝土桥墩，桩基采用8根ϕ1200mm钻孔灌注桩+11根ϕ1200mm钻孔灌注桩+11根ϕ1200mm钻孔灌注桩+8根ϕ1200mm钻孔灌注桩的形式，桩长均为78m，如图1-6所示。

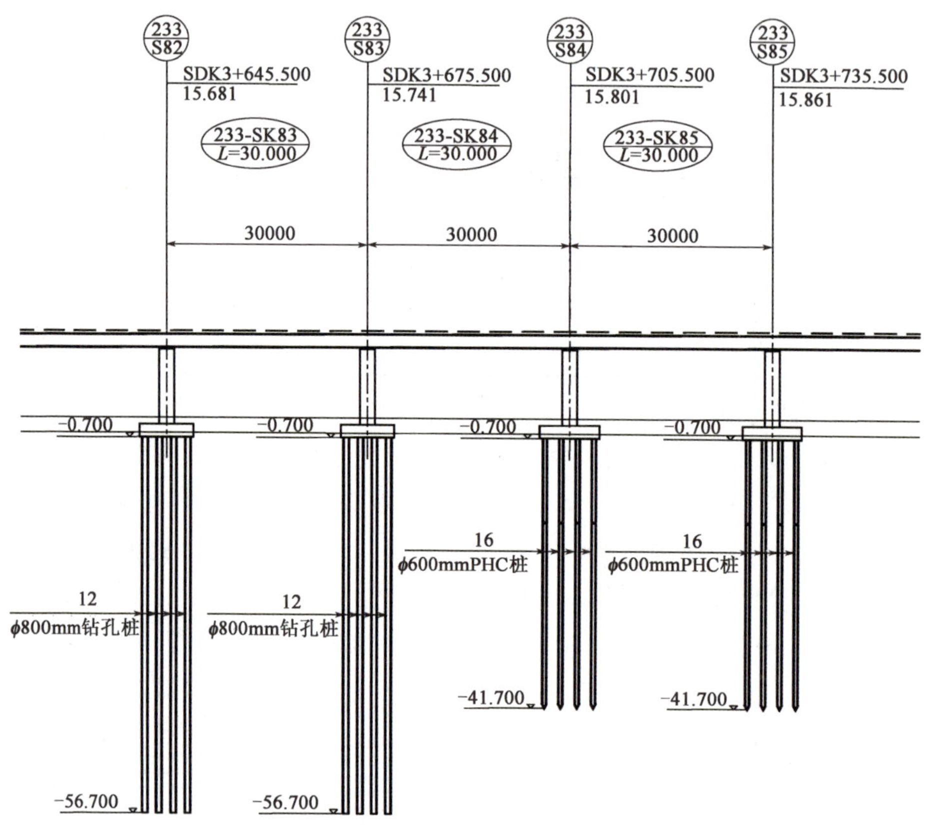

图 1-5　标准跨径简支梁结构与基础形式(尺寸单位:mm)

SDK2 +054.000 ~ SDK2 +334.000 段,主线高架上跨沪宁高速公路,采用一跨跨越的布跨方式。跨径布置为 75.5m +129m +75.5m,斜交约 46°,采用大跨径预应力变高度连续箱梁。施工期为避免上部结构施工对交通繁忙的沪宁高速公路运营的影响,上部结构采用转体施工工法(见本书 8.2 节);边跨设牛腿,大桥两侧小箱梁支座设置在牛腿之上。相应地,下部结构采用钢筋混凝土桥墩,桩基采用 12 根 φ1200mm 钻孔灌注桩 +24 根 φ1200mm 钻孔灌注桩 +24 根 φ1200mm 钻孔灌注桩 +12 根 φ1200mm 钻孔灌注桩的形式,桩长依次为 73.6m、76m、76m、73.6m,见图 1-7。

SDK2 +707.500 ~ SDK2 +771.000 段,上跨梅浦河,为避免对河道的影响,采用25m +38.5m +25m 预应力混凝土连续箱梁通过,下部结构采用钢筋混凝土桥墩和 φ800mm 钻孔灌注桩,根数及桩长按里程自小到大为 12 根 56m、16 根 57m、20

根 54m、12 根 56m。

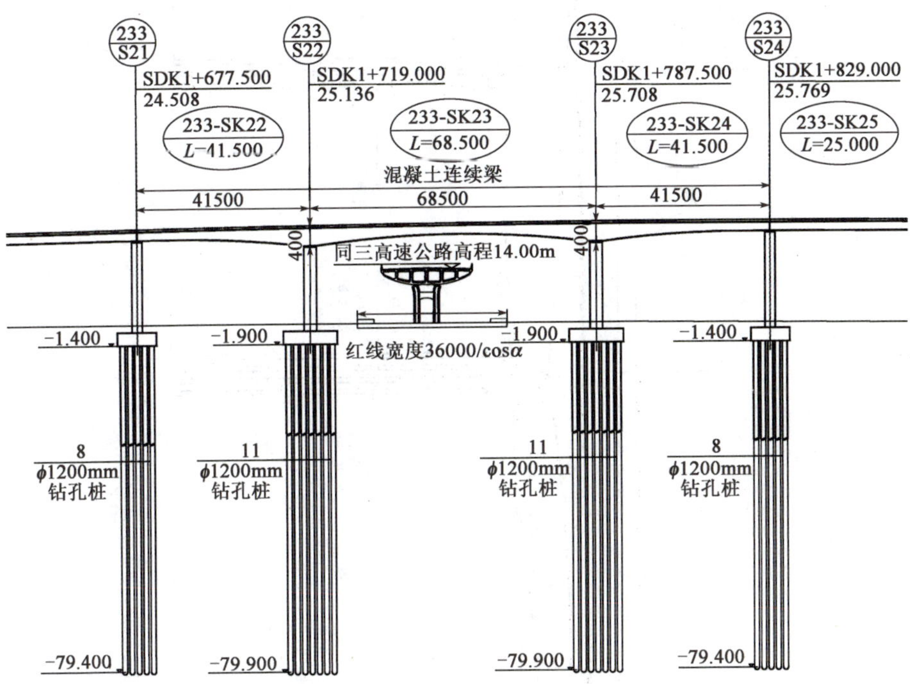

图 1-6 上跨同三高速公路连续梁结构与基础形式(尺寸单位:mm)

注:图中 α 为连续梁桥与同三高速公路的交叉角

SDK3 +231.000 ~ SDK3 +280.500 段,主线上跨徐公河,河道蓝线较宽,斜角角度较大,为避免对河道的影响,采用 49.5m 简支钢-混凝土叠合梁一跨跨越,叠合梁钢主梁采用工厂预制,现场吊装后现浇混凝土桥面板的施工方法。下部结构为钢筋混凝土桥墩和 16 根 ϕ800mm 钻孔灌注桩,桩长 55m。

SDK3 +360.500 ~ SDK3 +445.500 段,主线上跨徐公桥路,采用 25m +35m +25m 的预应力钢筋混凝土连续箱梁通过,下部结构采用钢筋混凝土桥墩和 ϕ800mm 钻孔灌注桩,根数按里程自小到大依次为 12 根、16 根、20 根、12 根,桩长均为 55m。

SDK4 +700.500 ~ SDK4 +790.000 段,上跨纵二路,使用预应力钢筋混凝土连续箱梁,跨径布置为 25m +39.5m +25m,下部结构采用钢筋混凝土桥墩和 ϕ800mm 钻孔灌注桩,根数按里程自小到大依次为 10 根、12 根、20 根、10 根,桩长依次为 52m、54m、52m、52m。

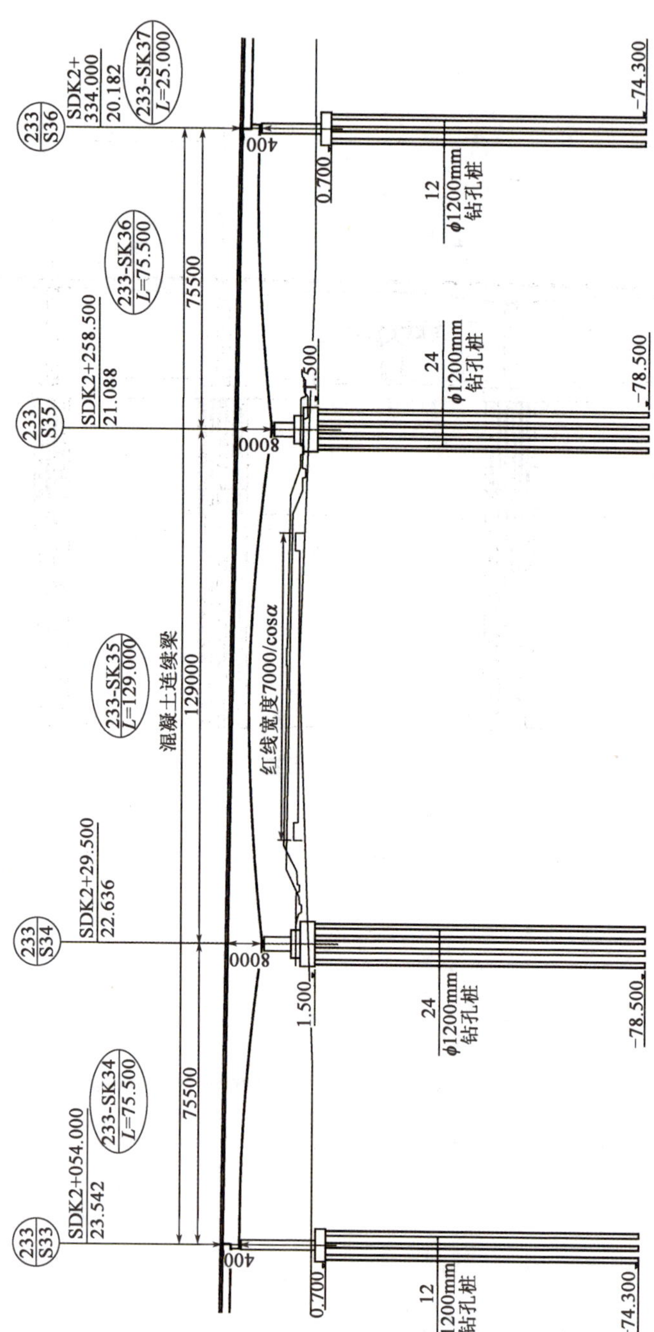

图1-7　上跨沪宁高速公路连续梁桥结构与基础形式(尺寸单位：mm)

(4)轨道结构

高架区间正线采用60kg/m钢轨、无缝线路,车场线采用50kg/m钢轨。高架线采用WJ-2型扣件(为有螺栓弹性分开式扣件)、钢筋混凝土短枕、纵向承轨台整体道床。

第2章
项目协同管理模式

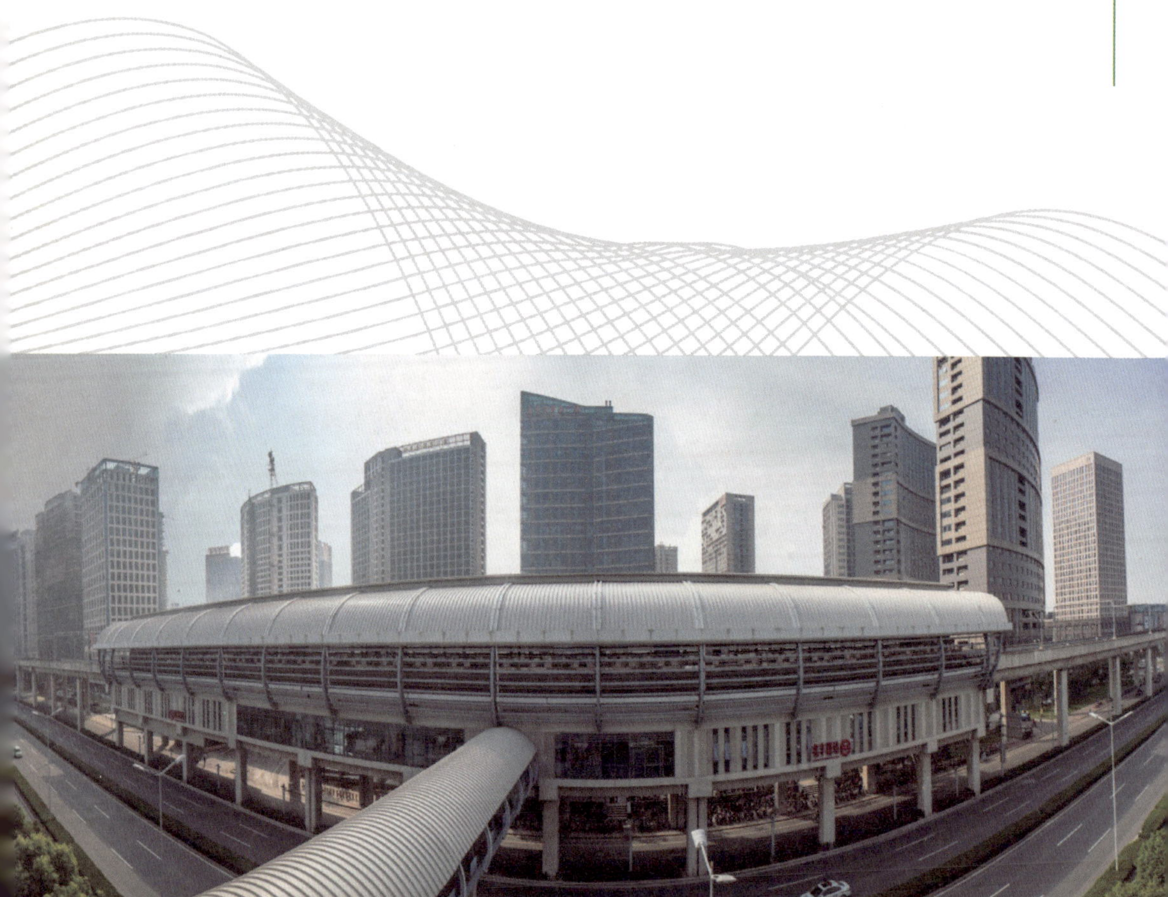

跨省(市)域城市轨道交通作为一种特殊的交通形式,其管理模式等存在诸多差异,应思考和研究适合该类城市轨道交通自身发展的功能定位、融资模式、建设模式、运营管理等一系列问题。

2.1 功能定位

城市轨道交通作为城市公共交通的重要载体,能有效缓解城市的交通拥堵状况,缩短时间与空间的距离,打破时空因素对城市居民出行的制约,因此,解决交通出行是跨区域城市轨道交通的一项基本功能。但跨区域城市轨道交通作为一个新事物,它的出现必将打破现有城市公共交通格局。而如何实现城市轨道交通与其他公共交通方式的和谐发展,如何在城市公共交通功能中给予城市轨道交通科学、准确、客观的定位,值得深入研究。同时,从城市全局看,轨道交通更重要的功能是城市价值的提升。它能优化城市空间布局,协调区域发展,促进交通环境与生活的和谐,增强居民的幸福感,提升城市综合竞争力。

2.1.1 交通功能

科学规划城市综合交通体系,利用轨道交通发展契机,能够优化配置公共交通资源,加强不同交通方式之间的紧密衔接,实现车站换乘便利和运能匹配,逐步提高轨道交通在公共交通客运中的比重。

(1)轨道交通走廊

研究以城市轨道交通车站为中枢的换乘中心,打造以城市轨道交通为核心,以地面公交、出租车、公共自行车为接驳载体的便捷公共交通体系。

(2)快捷交通导向

从国内现状看,对于一些中小城市,由于生活配套设施主要集中在城市中心区,且缺少大运量快速公共交通,居民仍习惯在中心区生活,造成市区人口密度过大,同时,城市中心区道路狭窄、交通信号灯多,特别在早晚高峰期,交通拥堵较为严重。因此,宜以城市轨道交通发展为契机,建立以快捷交通为导向的城市交通发展新模式,积极引导居民的居住和生活习惯,从拥挤的市中心分流至周边若干副中心，并建立完善相应的配套生活设施，以新型交通引导和提升城市发展。

(3)引导出行习惯

从国内现状看，城市中心区交通拥堵除道路狭窄这一客观因素外，重要原因是日益庞大的私家车队伍恶化了交通环境，导致公众出行时间成本高。宜进一步推进“公交优先”战略，尽量引导和控制私家车在市中心的使用，逐步改变公众交通出行习惯，在城市轨道交通未能覆盖区域，根据客流的主要流动趋势，开辟公交专线、快线，尽量减少公众公交换乘量，解决交通“最后一公里”难题，实现公共交通“全民公交”。

2.1.2 经济功能

城市轨道交通的一项重要功能是提升城市经济的发展，根据轨道线路走向，结合城市规划，合理开发并充分利用轨道沿线的各种资源，以城市轨道交通辐射带动效应推进区域经济发展。对跨区域城市轨道交通更是如此。由于连接两座城市，更应注重推进区域协同发展。可以通过跨区域城市轨道交通建立若干经济带，如旅游休闲经济带、城市商业经济带、城市综合经济发展带等。

(1)旅游休闲经济带

通过整合两个城市分散的旅游资源，以城市轨道交通车站为枢纽，以城市轨道交通或其他快速公交方式，串接城市各旅游及休闲度假区。如江南地区可以通过跨区域城市轨道交通将海派文化、古镇文化、生态农业、水乡文化以及休闲度假等资源进行有效整合，促进旅游经济发展。

(2)城市商业经济带

中心城区是城市商圈的核心，但从国内现状看，城市商业经济发展仍有较大提升空间，应研究以发展轨道交通“城市综合体”为核心的“站点经济”，建立以车站为中心，以商业、餐饮、酒店、文化娱乐为主的集交通、集散、休闲、商业、景观于一体的综合商业区，利用轨道交通引导客流，形成商业聚集。同时，可以充分利用地下空间资源，建立地下商业街，并与周边商场、公共建筑等进行衔接，打造多功能地上、地下一体化城市综合体，最大限度改善车站区域城市交通及人文和商业环境，以获取良好的经济效益和社会效益。

(3)城市综合经济发展带

为充分发挥城市轨道交通对区域经济带动作用,应进一步挖掘和整合城市金融、信息、技术、商贸、物流、服务、工业等优势资源,在城市轨道交通沿线建立或完善相关产业园,打造城市综合经济发展带。

2.1.3 文化功能

轨道交通除了交通功能、经济功能之外,还有很重要的文化功能。轨道文化既是城市文化的载体,承载城市文化品质,又是城市文明的窗口、城市的名片和象征。同时,轨道交通的文化功能不仅是一种文化现象,更是轨道交通发挥经济功能的推手,直接拉动相关经济产业的发展。

(1)塑造传统与现代结合、双城融合的轨道文化

将传统文化与现代经济文化结合,将轨道线路、车辆设计、站台建设和城市人文景观有机统一,真正实现两地经济、文化紧密融合的"同城效应",打造双城融合的"轨道生活圈"。

(2)轨道文化要突出区域与路线特色

针对线路走向的不同区域,展示不同特色文化,如旅游休闲文化、地区特色餐饮文化、现代商业文化、现代工业文化等。同时,切实发挥跨区域城市轨道交通连接两地的"黄金交通走廊"功能,通过特色轨道文化,进一步提升轨道经济功能,实现潜在的经济和社会双重效益。

2.2 融资模式

目前,轨道交通融资模式主要有政府全资、政府与社会资本合作(PPP)、企业出资(如BT、BOT)等多种模式。企业出资模式,虽然可以解决短期资金问题,但却将面临后期更大的资金支付压力(如BT模式)或今后公共资源在一定时期内由企业独自经营产生的服务质量、公众舆论及政府调配资源的便利性、争议性等问题(如BOT模式,企业拥有一定期限的独家经营权)。政府与社会资本合作模式,既可以缓解政府资金缺口,也能够为社会资本发挥其投资功能提供入口,尤其当国内经济面临较大压力的形势下,该模式值得深入研究。但PPP模式存在政府与企业资金投入比、政府对企业的补贴方式、政府授权企业经营的资源以

及企业经营期限等多种问题,需经过多轮艰苦谈判,且面临今后企业经营过程中多种未知因素的风险。

上海轨道交通 11 号线江苏段工程综合分析社会效益、时间效益、经济效益,最终采用"政府投资、市区两级共建"的融资模式。今后,相关地区城市轨道交通建设,可进一步探索"政府投资、市区两级共建、受益者共担"模式,由政府给予相应的政策支持,建立轨道专项资金、多元融资(如银行贷款、债券等)、沿线各区承担动拆迁及部分建设费用、政府在轨道沿线预留开发用地、政府给予轨道交通经营企业资源开发政策支持等。同时,沿线受益方在获取因轨道交通建设产生的利益的同时,也应承担部分建设费用、每年缴纳一定比例的收益费等相应责任。

2.3 建设模式

国内经过多年城市轨道交通建设,工程质量、安全、进度等建设管理经验已较为成熟,而如何在现有条件下进一步控制建设成本,即工程建设的投资控制问题,将是建设管理的关键。跨区域城市轨道交通,若采用传统建设模式,则无论从时间、建设成本或是管理经验方面都存在一定困难,即使不惜成本,快速引进大量人才,也面临建成后人员分流等问题。综合分析,宜采用"以代建管理为载体,以投资控制为核心"的管理模式。实施过程中,投资主体在落实代建管理单位对项目建设质量、安全、进度、投资控制等代行项目建设主体责任的基础上,采取全程跟踪审计方式,对项目投资进行全面控制。

建议今后对包括跨省(市)在内的区域合作项目,在上述基础上进一步优化,建立"以代建管理为载体,以投资控制为核心,以第三方监管为保障"的建设模式(图 2-1),对代建管理单位实施第三方监管机制,由第三方专业机构对工程建设进行全过程监管,实行"建设投资控制、项目全程监管、法律风险管控"的第三方监管模式。

2.3.1 建设投资控制

研究建立"设计技术评估、全程跟踪审计"的投资控制监管模式。一般地,城市轨道交通建设周期可划分为工程可行性研究、筹划与设计、土建与安装实施、竣工验收与移交4个主要阶段。而工程建设的投资控制贯穿于项目整个建设管理工作中，是从前期决策阶段开始至项目建成运营的全过程投资控制。对于设计技术评估，可委托第三方设计监管单位对工程技术全过程提出科学、合理、客观的意见和建议，实现工程隐形投资控制。如可行性研究和设计阶段是投资控制的两个关键阶段，决定了项目80%～90%的投资量。

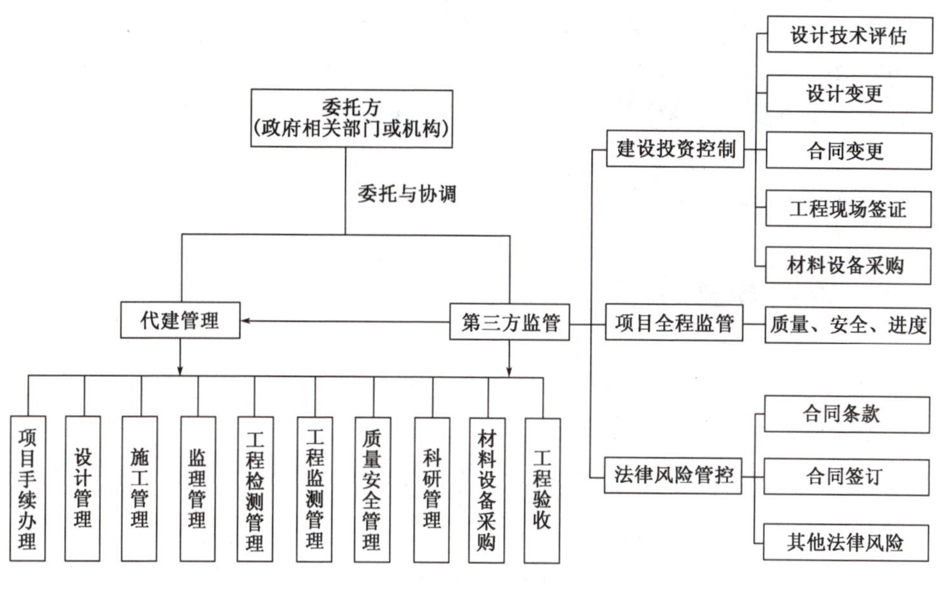

图2-1　项目建设模式

第三方设计监管单位通过对可行性研究阶段的评估，协调设计方实现可行性研究报告预期的深度和水平，从而合理控制项目的投资规模、建设标准、建设项目选址等；而设计阶段的设计成果，直接决定项目的投资额和后期运营及维护保养费用，同样需进行设计技术评估。对于全程跟踪审计，可委托第三方跟踪审计单位，结合代建管理单位建设过程中投资管理，组成投资控制双保险，主要对过程控制、设计变更、合同变更、现场工程量确认以及材料设备采购、工程结算等进行全程投资监管。

2.3.2　项目全程监管

委托第三方监管机构对工程质量、安全、进度进行全程监管。强化安全管理，始终将安全生产放在第一位置；强化质量管理，坚持科学确定施工方案，严格控制技术标准；强化风险控制，抓好重大风险源的风险评估分析，建立并完善应急预案，杜绝重大工程隐患；强化节点管理，及时动态优化施工方案。

2.3.3 法律风险管控

由于城市轨道交通涉及土建、机电、各种系统设备、车辆等众多领域，还涉及进口设备的采购、谈判等工作，专业性强、合同条款多、合同量大、法律风险高，需专门委托法律咨询机构全程参与工程建设、合同谈判、合同条款研究、合同签订等法律咨询工作，控制法律风险。如上海地铁委托第三方法律咨询机构，参与项目建设，降低法律风险。

2.4 协同管理

目前，国内城市轨道交通跨省模式处于探索阶段，由于线路涉及多个区域，无论是建设过程中的质量、安全、验收等政府监管工作，还是运行阶段的运营监管、资产管理、保护区管理、应急管理、治安管理、消防管理、卫生防疫、公交应急保障等工作，均比单个区域的管理涉及面广且复杂，同时，还涉及不同地区城市轨道交通对接问题，需各区域共同管理、协同配合。应提前研究建立跨省新模式下城市轨道交通“全线协同对接，边界联合管理，内部属地管理”的管理机制，并建立协同对接平台。

2.4.1 政府监管

工程建设质量、安全、验收等政府监管工作由所在区域委托代建城市或与代建城市联合监管。对于各区域内部的建设管理、运营管理、交通管理、治安管理、消防管理、卫生防疫、轨道保护区管理等工作实施属地管理，明确日常轨道运营管理与属地管理工作界面，并做好协同配合。

2.4.2 运营管理

对于全线线路范围内的城市轨道交通日常运管管理工作，由轨道交通运营企业统一管理，建立全线统一票价体系，并明确运营企业与地方政府属地管理的工作界面。对于区域车站站务级管理，在全线统一调度、协调下，由区域属地管理。在此基础上，建立全线票务清分系统及区域子系统，并根据建设规划选择两种系统的建设次序。

由于城市交通发展模式等不同，两个城市内部城市轨道交通与跨区域城市轨道交通对接，可能导致车型制式、信号系统、供电触网系统、自动售检票系统、无线通信系统、限界等存在较大差异，若贯通运营，需对现有跨省延伸段进行技术改造。如信号系统改造，不同信号系统导致车辆控制混乱，威胁列车运行安全，须更换新的信号系统，并对既有车辆进行信号改造；屏蔽门、安全门系统改造，需针对新轨道信号系统重新配置屏蔽门、安全门系统，并进行相应硬件改造；供电触网系统改造，涉及触网、区间动力照明等上层系统切换改造，同时需对既有线路触网高度、硬度等指标核算后进行全网改造；限界改造，需对全线限界进行核算，并视核算结果对全线限界进行改造，涉及全线区间及车站站台结构；其他机电系统改造，涉及轨道交通通信系统、火灾报警系统、自动售检票系统、乘客信息系统、专用无线通信系统、综合监控系统等全线更换改造。

2.4.3 协同机制

建立由各区域政府相关部门、轨道交通建设及运营企业组成的轨道交通协调机构，落实日常工作及重大问题协调机制，并确保制度的长期性。

(1)信息共享

对于运营突发事件、大客流、设备故障、列车晚点等运营事件，全线各区域需建立政府相关部门与运营企业之间的信息共享机制，确保全线各区域应急救护、消防、安全、公交应急保障等措施及时到位。

(2)联合管理

对于涉及各区域界面处的建设、运营、治安、消防、卫生防疫、事件或事故调查、公交应急保障等日常管理及协调工作，建议各区域联合管理或委托一方管理。

(3)对接管理

跨区域城市轨道交通与城市内部轨道交通对接,不仅涉及现有系统、结构的改造等技术问题,更重要的是将涉及运营突发事件、大客流组织、公共安全、交通配合等对接管理问题,需两地协同配合,并在企业和政府两个层面建立相应协调对接机制。

第3章
工程设计管理

设计管理是城市轨道交通建设工程管理的重要环节,也是技术管理工作的关键内容,只有通过对设计行为进行有效控制,才能建设功能合理、经济实用的城市轨道交通系统。设计管理应制定科学的设计管理目标,明确设计相关方职责,制定科学的设计管理流程与办法,实行全过程管理。这样既能确保设计工作的质量、进度,又能有效控制设计变更引起的投资变化。

3.1 代建模式下的设计管理目标和组织架构

3.1.1 管理目标

(1)通过设计贯彻落实国家有关建设法规、政策、技术规范标准,以及省、市地方政府有关轨道交通工程建设的规定;落实城市总体规划、交通规划和轨道交通线网规划;落实轨道交通工程可行性研究的成果和审批意见;贯彻落实城市轨道交通工程设计技术要求。

(2)从设计上处理好城市轨道交通工程与城市建设各方面的关系,以达到最佳的社会效益和运营效果;在城市轨道交通工程建设中,实现调节城市功能的目标,使其发挥把城市建设和经济发展提高到新水平的规划引导作用。同时协调城市轨道交通与城市建设各方面的矛盾,既要做到城市轨道交通工程施工少扰民、维持市民正常生活的基本需求,又要确保建设工期、节约工程投资。

(3)保证工程设计满足安全性、可靠性、适用性和经济性的要求。通过对设计标准的控制以保证安全性和可靠性;通过对使用功能的控制以保证适用性;通过对主要参数的选择以保证经济性。

(4)通过对设计过程的有效控制,保证城市轨道交通工程建设项目的投资、进度、质量控制目标在设计阶段的实现;保证工程设计遵循安全可靠、质量优良、技术先进、经济合理的原则。

(5)通过协调勘察设计单位之间以及其他单位之间的工作配合,为设计单位创造必要的工作条件,以保证其及时提供设计文件,满足工程需要,使工程建设得以顺利进行。

(6)处理好众多专业系统之间的接口,以实现安全、准时、快速和高效的现代化城市轨道交通运营功能;协调好狭窄空间内各专业系统设计中的矛盾,使之既能满足运营要求和各专业设计规范,又能达到控制工程投资的目标,保证全线工程设计的总体性、系统性、统一性、完整性、协调性和正确性。

3.1.2 组织体系

形成政府主管部门管理、建设单位决策、设计咨询单位参谋、设计总体单位负责、分项设计单位执行的多层次组织体系(图 3-1),有效确保设计工作顺利开展。

图 3-1 设计管理组织体系

3.2 设计管理职责

(1)政府主管部门

政府主管部门或授权机构代表政府对城市轨道交通工程的设计前提、设计方案和设计成果进行审查,以确保在实现轨道交通服务功能的前提下有效控制工程规模、技术标准和投资规模,并依据规定进行审批。

(2)建设单位

建立合适的设计项目实施运行机制,审查设计总体单位、设计咨询单位编制的技术与管理文件,健全工程设计管理的各项规章制度,对工程设计及咨询工作进行管理和协调;组织审查和确认主要的设计原则,确认各阶段的设计成果、重大技术方案和设计边界条件,负责重大技术问题的决策等工作。

(3)设计总体单位

设计总体单位受建设单位委托,按照合同规定,对整条线路的设计总负责,接受建设单位在合同、进度、技术等方面的管理和协调;对参与本项目设计工作的分项设计单位的设计过程实施技术上的管理与协调,对城市轨道交通工程设计成果总负责;接受设计咨询单位对设计工作的咨询、监理、审查,从而最大限度确保设计工作的成果达到优质、高效、经济、合理。

(4)分项设计单位

分项设计单位是指各机电系统、车站及区间等项目的设计承担单位。分项设计单位在技术和管理上接受设计总体单位的指导,并执行总体设计单位在合同约定下的管理规定以及其他相关工作。

(5)设计咨询单位

设计咨询单位是建设单位委托授权的设计管理单位,在设计全过程管理中的作用相当于设计监理。设计咨询单位发挥其自身技术和经验优势,在设计方案、技术方案方面担当建设单位的顾问和参谋的角色,在施工图设计阶段,经政府建设主管部门授权同意,兼施工图审查责任。设计咨询单位应根据合同建立健全组织机构,配足各类专业人员和设备,编制切实可行的咨询规划、设计咨询管理办法以及设计咨询实施细则。

3.3 设计管理流程

根据管理模式及管理办法,制定设计管理流程,以规范各个设计阶段的管理,明确各相关部门的职责。

(1)设计招标管理工作流程

成立招投标管理办公室,组织制订招投标制度,履行相关立项审批手续,坚持公平、公正、科学、择优的原则选择投标单位,依法招标,其基本流程如图 3-2 所示。

(2)初步设计管理工作流程

设计人员对项目的技术可行性和经济可行性进行权衡,得到详细的勘察资料和技术经济指标后,对方案进行补充修正,再将设计成果报建设方进行审核,召开审核会议时各职能部门对方案提出审核意见,设计单位再根据意见调整设计方案,其基本流程如图 3-3 所示。

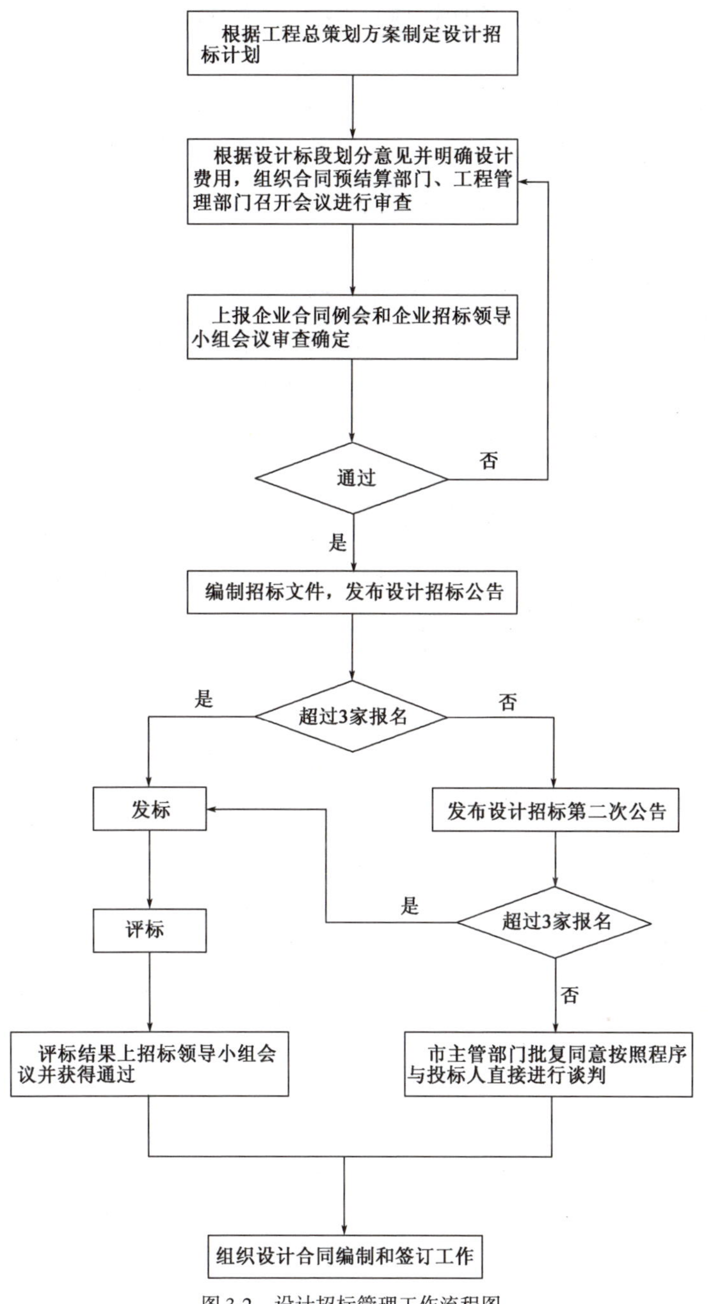

图 3-2 设计招标管理工作流程图

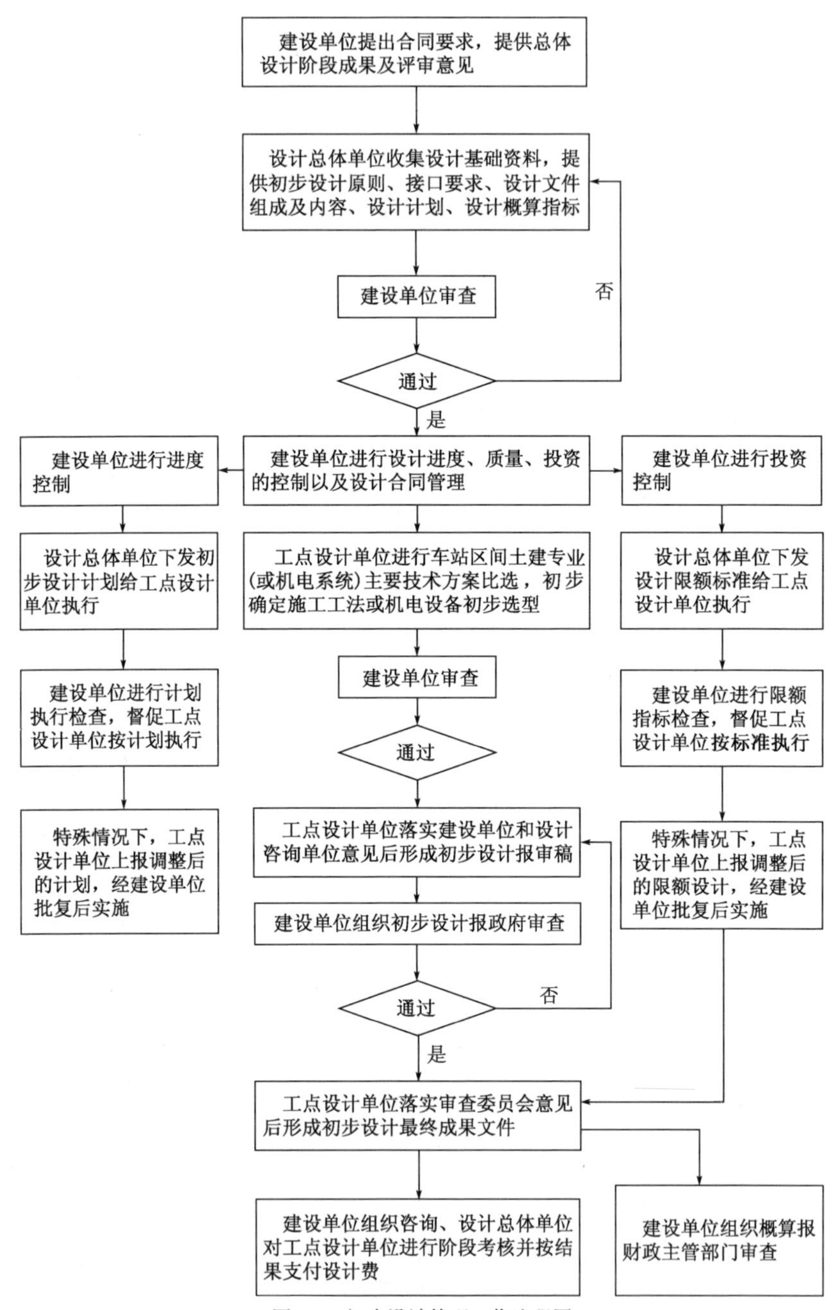

图 3-3　初步设计管理工作流程图

第 4 章

建设投资控制管理

投资控制是有效实现城市轨道交通工程投资的前提,合理、有效地控制城市轨道交通工程造价,使有限的资金创造出更多的经济和社会效益,是政府和建设单位关注的重点。

4.1 投资控制总目标与阶段控制目标

轨道交通工程项目投资控制目标是随着工程建设实践的不断深入而分阶段设置的。一般地,轨道交通工程项目的建设过程分为决策阶段和实施阶段,而设计阶段、工程招标阶段、建设阶段及竣工结算阶段作为实施阶段的主要构成对项目投资起决定性作用。本工程投资总目标为:将工程建设成本控制在目标成本内,将工程建设资金使用控制在最佳状态。分阶段目标为:工程设计阶段按批准的设计概算控制施工图预算,工程招标阶段按批准的施工图预算控制中标价,现场建设阶段按施工图预算及中标价控制工程造价,竣工结算阶段严格控制合同外费用,使最终造价控制在目标成本内。

4.2 阶段投资控制措施

4.2.1 设计阶段

(1)审查项目建设内容及投资是否存在超计划或漏项等情况,合理确定项目总投资计划控制目标。

(2)对初步设计概算分项进行分析,测算各类费用,确定各单项投资控制目标。

(3)研究分析初步设计文件,包括设计标准和技术经济指标,若部分技术标准确需变更,但又超出初步设计标准,须严格按照有关变更程序要求执行,并进行技术经济分析比较,审核批准后方可实施。

(4)设计单位应在经批准的初步设计和总概算范围内进行施工图设计,实行限额设计,及时发现可能突破控制目标的单位工程或分项工程。

(5)从工程造价控制角度,结合实际,深入研究多种可能有效节约成本的优化设计方案和技术措施。

4.2.2 招标阶段

(1)确定中标单位后,确保招标文件内容在合同中的全面落实。

(2)加强招标结果与投资控制目标成本的对比分析,在每次招标定标后,组织对中标价与该部分工作量投资控制目标的对比分析。

(3)以投资控制和确保质量、安全、进度为前提,进行合同谈判。

4.2.3 建设阶段

(1)根据实际优化投资控制目标,制定各单位工程、设备、材料及其他费用的详细目标计划,作为工程施工和采购阶段的控制目标。

(2)根据总体进度计划,合理安排各单位工程的分项计划。

(3)严格履行合同条款,加强工程验工计价,严控工程资金的使用。

(4)根据施工合同、进度计划,编制工程款计划书,对施工单位上报的每月(期)完成工作量进行审核,作为支付当月(期)进度款的依据。

(5)加强跟踪审计。

4.2.4 竣工结算阶段

(1)明确指定分包、专业分包和总包工作内容的界面划分,将施工方提交的竣工图与现场实际完成情况进行详细对比分析。

(2)审核施工结算工程量和实际工程量是否相符。

(3)审核是否存在虚假结算行为,防止将同一工程结算分散混入其他工程。

(4)对施工方编制的竣工资料整理归类。

(5)进行工程财务竣工结算,确保工程竣工财务决算的完整性、合法性和真实性。

4.3 合同管理制度

合同管理包括负责组织总体合同(含补充合同)的签订,合理确定招标项目并提出工点设计费建议和设计费控制方法;通过合同条文明确建设方、设计总体单位和工点设计单位的各自职责;负责进行合同执行情况的跟踪,及时掌握各设计单位履行合同的情况;负责建立项目合同管理台账(如合同签订台账、合同终止台账等),并进行台账管理;制定相应的合同管理办法和细则等。

4.3.1 合同管理程序

合同管理程序主要包括合同(含补充合同)签订管理、合同执行管理、合同台账管理、设计费支付管理等内容。

4.3.2 合同变更管理

合同变更管理主要针对合同变更中出现的以下问题:

(1)前期设计、工程筹划和现场协调工作深度不够,导致合同变更量较大,且变更时间较急;

(2)引起合同变更的责任界面不够清晰(如区分设计变更和变更设计等);

(3)合同变更的具体目标描述不够清晰(如需明确完善功能、新增功能需要,或设计、实施标准调整的需要等);

(4)先实施再补办手续问题;

(5)变更审核过程中通过技术经济综合评审,做好变更过程的投资控制仍不完善等。

4.3.3 措施和方法

1)源头控制

(1)合同变更须遵循国家法律法规以及原合同的有关约定,提出变更需有充分的依据资料。在突破原合同约定或投资控制目标值(或概算)进行变更时,需从严控制,应报建设方和投资方联合审批。

(2)进一步加强设计管理和工程筹划的综合平衡,加强现场施工工况、周边环境调查和现场协调,做好项目前期管理工作,加强合同变更的源头控制,增强合同变更的计划性和严肃性。

(3)设计方提出设计变更,建设方和施工方提出变更设计时应说明变更的原因、必要性和合理性,并明确变更的作用(完善功能、设计及实施标准调整、安全生产、现场施工组织等)。设计变更应提供变更技术方案和技术经济分析,施工方的变更设计应提供合同变化对比表,建设方应组织分析变更对工程造价的影响(与概算和投资控制目标的对比)以及同一合同项下历次变更实施情况等。

(4)根据政府或建设方决定提出的变更,需以政府或建设方相关合法资料为依据。

2)过程管理

(1)变更发起方是合同变更的责任主体,具体负责合同变更资料的准备,组织变更方案研究,提出变更理由和依据,按规定要求向建设方申报,并严格按照相关技术要求执行。

(2)投资监理应提前介入合同变更方案的研究,说明变更的原因和内容、与原招标文件及合同的对比分析、合同变更主体单位提交的书面资料情况及现场工程量确认情况、变更价的编制依据、审核情况及需要说明的问题、合同的历次变更情况以及对合同条款及价格的确认等。

(3)建设方负责合同变更申请的受理,并对申报的设计、技术变更方案进行技术经济综合评审。

3)规范流程

(1)一般工程合同的变更(包括需突破投资控制目标值或概算值进行的变更)应遵循以下流程:

①提出变更要求,申报变更理由。

a. 建设方变更:需书面提出变更要求的理由,工程施工、设备采购合同的变更需提请设计院做出技术方案及技术经济分析。

b. 设计方变更:向建设方书面提出变更要求和理由,并提交技术方案和技术经济分析;

c. 承包商变更:向建设方书面提出变更要求和理由,提交技术方案和合同变化对比表,再由建设方提请设计院对变更部分做出技术方案和技术经济分析。

②建设方组织变更方案研究。

建设方组织设计、施工、监理等单位,综合评审变更的合法性、必要性、可行性和经济合理性;投资监理单位提供审核分析的书面材料。

③变更方案审核。

项目变更申请方准备变更原因、变更方案等相关材料上报建设单位受理;建设单位对变更方案进行技术经济综合会审。

④办理合同变更。

变更方案评审通过后，由建设方办理合同变更审批手续；涉及设计、技术方案的变更在合同结算阶段一次办理变更合同手续，签署合同变更补充协议。

(2)根据政府规定或建设方提出的变更处理办法。

①项目建设方准备相关资料，办理变更申报手续。由于材料调差、设计标准调整，涉及多个合同变更时可集中一次办理申报手续。

②建设方根据政府有关部门或建设方文件和要求等支撑材料办理变更审批手续。

③项目建设方签署合同变更补充协议书。

因突发原因并涉及生产安全，或根据工程建设实际情况必须及时进行的合同变更，根据“急事急办、特事特办”原则，在征得建设方同意后，可先实施，再补办合同变更审批手续。

(3)工程单价合同、暂定价合同及前期管线合同等在原合同约定范围内的变更由投资监理初审、跟踪审计复审，并经项目建设方审核通过后在合同结算时一并调整；合同结算情况在合同销号时报建设方备案。在原合同约定范围外的新增项目引起的变更，应报建设方审核通过后实施。

(4)合同变更送审资料内容。

①变更方案审批阶段。

a. 经建设方审核后的变更方案审核会签单；

b. 完整的变更情况说明，包括原合同相关约定、变更项目背景及成立依据、合同的历次变更及完成情况，若涉及合同价变更，还需说明投标报价原则等；

c. 事项呈批件、专题报告、会议纪要及其他相关资料，根据政府有关规定或建设方要求而发生的变更，需提供政府或建设方的文件、批件和会议纪要等资料；

d. 变更方案、设计方的说明和技术经济分析、承包方的合同变化对比、投资监理意见；

e. 变更方案评审意见。

②办理合同变更阶段。

a. 涉及设计、技术方案调整的变更，需提供经项目建设方审核通过的《合同变更单》；附工程建设安装、设备采购等合同的历次变更审核单；投资监理报告；

合同变更补充协议书。

b. 不涉及设计、技术方案调整的变更,需提供经项目建设方总审核通过的《合同变更单》;完整的变更情况说明,包括原合同相关约定、变更项目背景及成立依据;事项呈批件、专题报告、会议纪要及其他相关资料。

c. 根据政府有关规定或建设方要求而发生的变更,需提供政府或建设方的文件、批件和会议纪要等资料;投资监理报告;合同变更补充协议书。

4.4 物资采购及退税管理

4.4.1 建设期物资采购管理

城市轨道交通建设投资大、周期长、施工难度高,建成后运营成本高,运营收入难以弥补运营成本。因此,城市轨道交通建设及运营高投入是其显著的风险之一。为此,国务院办公厅于 2018 年 6 月 28 日发布《国务院办公厅关于进一步加强城市轨道交通规划建设管理的意见》(国办发〔2018〕52 号),要求申报建设地铁、轻轨的城市一般公共财政预算收入分别在 300 亿元、150 亿元以上;地区生产总值分别在 3000 亿元、1500 亿元以上;市区常住人口分别在 300 万、150 万以上,项目总投资中财政资金投入不得低于 40%,严禁以各类债务资金作为项目资本金,加大防范化解地方政府债务风险工作力度,严控风险,持续发展。一方面,国家层面对城市轨道交通项目建设规划进行宏观把控;另一方面,在审批过后的城市轨道交通建设及运营维护保养的全生命周期里,优化城市轨道交通招标采购及退税管理可以有效节约投资,把控风险。

在工程代建模式下,投资方购买服务,代建单位根据自身项目管理经验和技术优势出售服务,双方共同完成项目建设。但就物资招标采购而言,由于城市轨道交通部分关键部件需国外进口,涉及进口退税优惠政策,需投资方研究并制定相关物资采购和退税管理措施,确保投资方利益。

4.4.2 退税管理

城市轨道交通部分设备零部件需进口,由于涉及进口设备国家退税优惠,投资方应积极争取成为退税主体。但由于跨区域城市轨道交通项目的特殊性(特别对于跨省域项目)，涉及海关属地化管理，给投资方退税申请和实施带来较大困难。

1)退税主体

明确项目建设方(投资方)、代建方，以建设方为最终用户，与进口设备零部件供应商签订进口设备采购合同，特殊情况时可采取双用户形式，即建设方、代建方均为合同甲方。

2)免税申请

需以项目建设方(投资方)名义向国家主管部门申请进口设备免税额度，明确免税主体，并在获批的免税告知单有效期范围内办理免税手续。

3)属地管理

海关涉及属地化管理，一般减免税手续需在属地主管海关办理。但对于跨区域代建项目，若进口设备在代建方所在区域入关，需先在建设方所在区域海关进行项目税款担保备案批复，然后在代建方所在区域海关申报进口(取得报关单)，再到建设方所在区域海关办理进出口货物征免税证明，最后在代建方所在区域海关办理免税手续。由于地区不同，各地海关在办理减免税手续时可能存在部分差异。

第5章
建设质量与安全管理

5.1 工程质量管理体系

5.1.1 质量管理体系

在工程质量合格率100%，争创省部级优质工程奖的总体质量管理目标指导下，面对城市轨道交通工程涉及专业面庞杂、参与单位多、工序复杂、节点多、工期紧、管理面广等现状，建立动静态结合的全方位质量管理控制体系，动态控制节点目标和质量管理要点、难点。明确政府监督、建设方管理、承包方负责、监理方监管、专业化检测、系统性分析的六位一体质量管理体系。如政府监督，通过日常监督结合定期巡视等手段加大质量监督力度，杜绝质量隐患；建设方管理，主要通过构建完善的代建管理体系结合属地化监督等手段，确保建设有序、规范；承包方负责，主要通过承包方抓技术、强执行、严规范、控风险、落责任等措施，确保工程质量；监理方监管，通过社会监理全方位工程质量控制管理，如审定处理重大技术问题，工程的隐检、预检、复检和验收，系统设备的试验、试运转及联合调试等，确保工程质量按照设计、规范、标准等要求实施。

5.1.2 质量管理措施

(1)招标文件内容必须符合有关规定，如使用新工艺、新技术必须经专家鉴定、评估，并提供相关技术、鉴定文件及质量检验评定标准等。

(2)投标文件审核，不仅要评价投标单位的资质、投标文件等内容，更应注重对投标单位实际工作能力进行审核。

(3)办理完善的相关行政审批手续，如规划审批、建筑规划许可、建设工程质量、安全报监、施工许可等。

(4)根据投标文件和合同要求，严格审查承包方、监理方质量和安全等主要管理岗位以及人员和管理体系等落实情况，人员的资质、资格是否与投标文件、合同相符等内容。

(5)组织勘察、设计、施工、监理等单位领桩、交桩；明确施工单位、监理单位对控制桩进行校核,提供校核记录,并落实保护措施;组织勘察单位、设计单位交底并留有记录。

(6)检查施工单位施工组织设计、施工方案编制报审情况;监理单位对施工组织设计、施工方案审核意见;审核监理单位监理规划、细则等规范性、指导性文件是否符合监理规范和施工技术要求等。

(7)审查监理单位是否对施工分包单位资格和资质进行审核。

(8)建设方应确保常态化管理与动态巡查相结合,审核合格工程的计量、鉴认验工计价月报;检查施工日记、监理日记、监理考勤记录的真实性,并做好建设管理日记记录;定期或不定期参加监理工程师主持的工程例会,处理施工中的各类矛盾,确保工程进度、质量、安全、投资、文明施工等全面受控。

(9)建设方组织对工程关键工序、中间节点,分部、分项、单位工程及隐蔽工程验收;定期(如每季度一次)及不定期对施工现场进行质量专项检查(考核);检查监理单位、施工单位质量保证资料收集和编制整理情况,是否符合档案管理要求等。

5.2 安全文明管理及保障措施

城市轨道交通建设是一项十分复杂且庞大的系统工程,具有建设规模大、地质及环境复杂、技术要求高、作业难度大、建设队伍多、专业性强、管理复杂等特点,导致投资大、周期长、风险高,给安全管理带来许多难题。宜全面筹划、审慎决策、严格管理,建立全方位、多层级安全生产管理体系,认真落实安全生产法规、规范和标准。

5.2.1 管理目标

无重大工伤事故、管线事故、火灾事故,一般事故控制在3‰以内;“施工现场安全保证体系”外审合格率达100%;创轨道交通达标工地合格率达100%;创建省部级重大工程文明工地参与率达100%,合格率达70%。

5.2.2 管理规定及措施

1)组织管理机构

建设方组织建立安全生产、文明施工、防台防汛、综合治理、防火、立功竞赛等各专项工作管理小组,实施网络化管理;承包单位、监理单位按照合同和相关规定,根据建设方安全管理架构对应成立相关安全专项工作机构,并配备专职安全生产管理人员。

2)安全管理规定

(1)制定建设方安全生产责任制,明确各岗位安全生产职责,并签订承诺书。

(2)在招投标及合同签订过程中明确各方管理责任,并与施工、监理等相关单位签订安全生产、文明施工、治安、防火、环境控制等责任协议书。

(3)根据国家、地方等相关规定,承包单位在投标过程中应单独列出安全防护与文明施工措施费,并在管理过程中建立专项资金使用台账。

3)安全管理办法

(1)制定《高架施工安全生产管理规定》《基坑开挖安全管理要求》等相关管理规定和要求,明确管理程序,规范施工、监理等单位的安全生产、文明施工、环境保护、治安消防、综合治理等行为;明确应急处理机制,编制应急响应预案,组织承包、监理等相关单位进行危险源辨识,定期开展应急演练,并配备应急处理所需的各类设备、设施、器材等。

(2)指导监理单位认真履行监理职责,制定《监理单位质量安全行为考评办法》,充分发挥监理单位在安全文明施工管理中的作用。

(3)规范社区共建活动,体现"便民利民不扰民、文明施工为人民"的共建文明工地宗旨,帮助指导各总承包单位与工地邻近街道、乡村、公安、交警等单位签订共建文明工地协议。

4)教育培训

对承包、监理等相关单位管理和技术人员进行安全生产、文明施工、综合治理、治安消防等安全文明施工专题教育;分期举办质量、安全管理等培训班。

5）监督检查

采取“定期检查、专项检查、日常巡查、随机抽查”4种监督检查方式，预防、制止和消除施工现场各类违章作业、违章指挥等安全隐患。对不按操作规程作业等违章行为和未落实安全生产保证计划、未按施工组织设计执行的行为，除立即整改外，应纳入考核机制，从严惩处。

第6章
工程验收管理

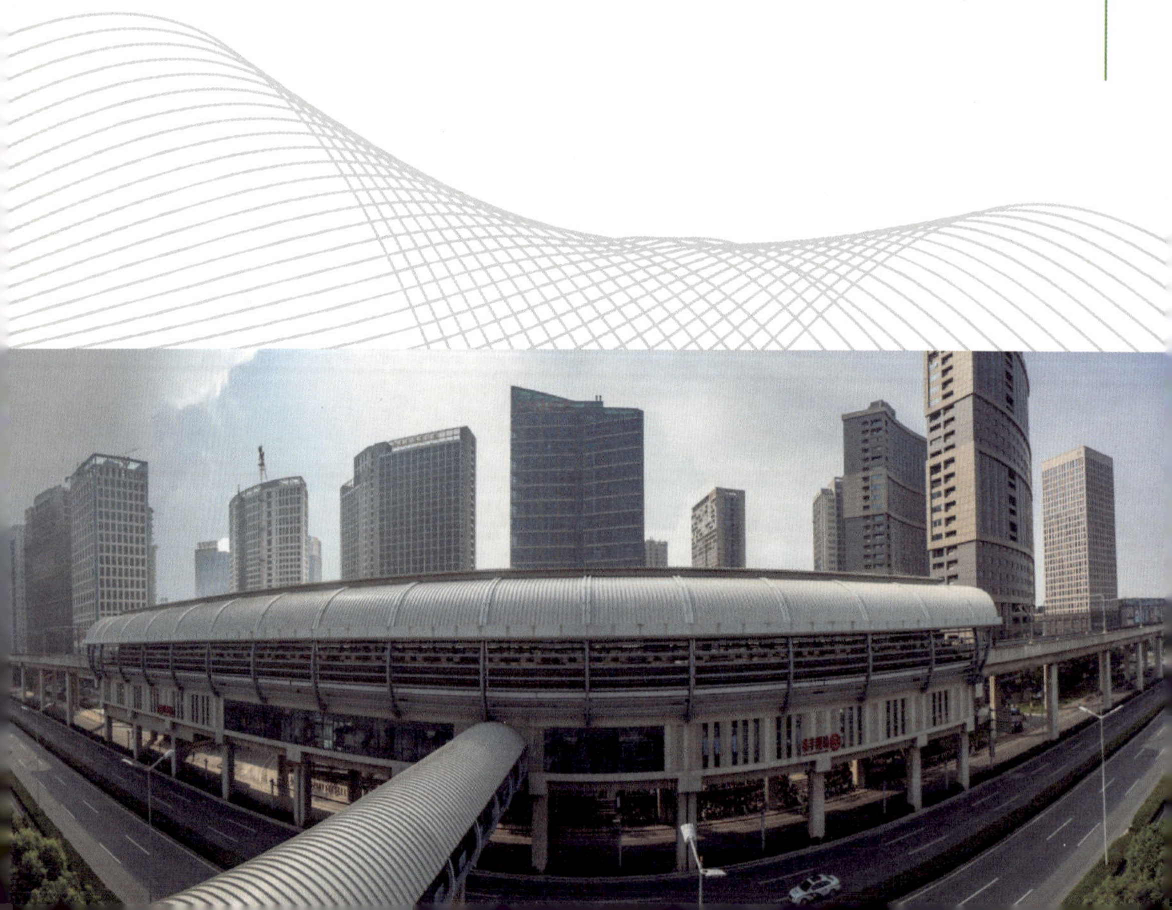

跨区域城市轨道交通由于项目跨不同区域以及投资主体与代建等特殊性，需两地合作共建，前期工作根据属地化原则推进，建设管理由代建方实施，项目竣工验收由投资方与代建方所在区域主管部门联合验收。

6.1 工程验收的基本规定

6.1.1 代建模式下验收组织

工程质量验收以合同标段为单位，由建设单位牵头成立工程质量验收小组，组织建设单位、设计单位、施工单位、监理单位等参建主体进行验收。建设工程安全质量监督主管部门进行备案，对验收实施监督，并出具《试运营阶段质量验收情况意见书》。

6.1.2 验收依据及规定

跨区域城市轨道交通符合城市轨道交通工程建设项目一般特征，由政府主管部门负责全过程竣工验收工作，包括工程遗留问题整改、政府专项验收、工程结算、竣工财务决算及审计和编制有关验收文件等。主要依据包括建设项目(工程)竣工验收方法、国家主管部门批复材料、相关验收规范[如《地下铁道工程施工质量验收标准》(GB/T 50299—2018)、《地铁设计规范》(GB 50157—2013)等]以及设计文件等。

6.2 验收组织

城市轨道交通工程所包含的所有单位工程质量验收合格后，方可组织工程项目预验收；经项目预验收合格后，建设单位可组织不载客试运行；城市轨道交通试运行三个月后，方可组织试运营基本条件验收；试运营基本条件验收合格后，城市轨道交通方可投入试运营；试运营满一年后，方可实施国家验收。

6.2.1 验收形式

验收主要分为关键部位验收、工程预验收和工程竣工验收三种形式。

1)关键部位验收

对高架桥梁、高架车站等关键部位以及配套工程关键节点,根据质量监督主管部门质量监督计划的要求进行检查验收。

2)工程预验收

工程预验收指在城市轨道交通试运行之前进行的,初步确认建设项目是否达到建设目标的设计使用功能,满足城市轨道交通试运行要求的验收。

在项目施工方自检合格并向工程监理方提出工程竣工报验后,由监理方组织参建各方共同对建设项目进行检查,确认建设项目是否具备交付使用条件。

3)工程竣工验收

工程竣工验收在城市轨道交通工程项目预验收合格后进行,以检验试运行效果为目标,并综合评价工程建设实施结果。

工程竣工验收由验收委员会(或验收组)组织项目有关各方,对整个建设项目进行全面质量评价,确认符合验收条件后,由建设方正式交付运营方。

6.2.2 验收条件

1)关键部位验收条件

(1)工程施工方按质量监督主管部门和设计文件规定的要求,完成工程关键部位建设,并进行自验自评,形成工程小结。

(2)项目监理方应对施工方完成的包括工程关键部位在内的建设内容进行检查,形成工程质量评估意见。

(3)项目监理方在组织验收前需提前将验收地点、验收内容通知项目建设方。

2)工程预验收条件

(1)工程施工方按合同、设计文件规定,完成工程建设全部内容,并进行自验自评,形成工程小结;竣工资料和关键部位验收资料(包括工程质量验收证明书、会议纪要、整改消项报告等)按规定要求整理成册,并向项目监理方提交工程竣工报验表。

(2)项目监理方在审查施工方上报资料的基础上，依据工程相关法律、法规、工程建设强制性标准、设计文件及合同等材料，对预验收工程进行全面检查，并形成监理评估报告。

(3)项目建设方在收到工程施工方竣工报告和监理方评估报告后，审查验收条件是否具备，经确认具备验收条件后方可同意监理方组织工程预验收。

(4)工程预验收原则上按单位工程进行验收。

(5)当工程尚未具备预验收条件，但下道工序(如铺轨)必须进行时，在满足消防、施工要求的前提下，可进行结构验收；对甩项项目用关键工序验收的方法处理。

3)工程竣工验收条件

(1)竣工验收一般按报监项目，在完成所有单位工程的预验收和合同约定的内容后方可进行。

(2)工程施工方对工程预验收所提出的整改意见整改完毕，向项目建设方提交"工程施工质量合格证明""工程竣工报告"和"质量保修书"等材料。

(3)项目监理方在工程预验收后督促施工方完成整改。在施工方工程质量自评合格，勘察、设计单位等参与方认同的基础上，对工程质量进行检查并核定质量等级，签署工程竣工报验单。项目监理方需向建设方提交"工程监理质量合格证明""工程质量评估报告"和"工程竣工报验单"等材料。

(4)项目设计方应提前对工程标准、内容、质量进行检查，并向项目建设方提交"工程设计质量合格证明"和"工程质量检查报告"等材料。

(5)工程勘测设计方应对勘测资料与施工开挖后的地质情况、勘测资料能否满足设计要求进行检查，并向项目建设方提交"工程勘测质量合格证明"和"工程质量检查报告"。

(6)项目建设方应对工程预验收后整改情况进行检查，形成建设方项目管理总结。

(7)项目有完整的工程建设全过程竣工档案资料，并取得档案认可证明。

(8)项目建设方已按合同约定支付工程款，并有工程款支付证明。

(9)项目有规划、消防、环保、安全、防雷、人防、档案、职业病防护、卫生等行业主管部门出具的认可文件或准许使用文件。

(10)建设质量监督主管部门要求整改的质量问题全部整改完毕。

(11)项目建设方在收到2～5款所述资料后,将工程竣工验收条件审查表送交质量监督主管部门,并申领“建设工程竣工验收备案表”和“建设工程竣工验收报告”。

6.2.3 验收程序

1)关键部位验收程序

(1)工程监理方组织关键部位验收,建设、施工等相关单位参与。

(2)工程施工、监理方分别就工程质量等情况进行评估。

(3)工程监理方对工程实体质量情况、质量保证资料等进行现场检查。

(4)验收参与各方对工程质量提出检查意见,对存在的问题立项整改,并请工程质量主管部门现场进行监督。

(5)若检查未发现质量问题或整改销项达到合格,项目建设、设计、监理、施工方需按验收部位填写“关键工序质量验收记录”,签署验收意见。

2)工程预验收程序

(1)工程预验收应在工程质量管理主管部门监督下进行,由项目监理方组织,项目建设、勘察、设计、施工等单位参与。

(2)工程施工方提供预验收工程的建设总结、自评和申请等级的初步意见。

(3)工程监理方对工程依据有关资料做质量评估报告和质量等级的初步意见。

(4)各参与工程预验收单位进行工程现场及内业资料检查,其中现场检查包括工程实体外观和实测实量检查,内业资料检查重点为工程质量保证资料的审查。

(5)针对检查结果,各参与工程预验收单位提出工程质量检查意见,由工程监理方列出需整改的项目并进行整改后的销项。

(6)工程质量管理主管部门针对工程预验收情况进行评价,并由工程监理方进行书面记录,形成工程竣工预验收报告。

(7)对需提前进入下道工序施工的项目,需在预验收时完成实测实量和外观内业验收,对存在的问题整改销项并经工程相关方确认后可提前交验,进行下道工序施工，其预验收资料将作为工程竣工验收的有效资料备存。

(8)对合同中要求实现提前通车、通水工程等项目，需先通过工程预验收，并将预验收中发现的问题整改销项，待具备通车、通水条件后方可正式通车、通水；因工程竣工后对该项目无法再进行实测实量和外观检查，需在工程预验收时完成，并将验收资料作为工程竣工验收的有效组成部分进行备存。

(9)未通过工程预验收的工程不得进行工程竣工验收。

3)竣工验收程序

(1)工程竣工验收应在工程质量管理主管部门监督下进行，由项目建设方组织，项目勘察、设计、监理、施工等单位参与。

(2)项目施工方提供单位工程的施工总结、自评和申请等级初步意见等材料以及工程预验收阶段工程质量问题整改销项情况。

(3)项目监理方提供工程质量评估报告、质量等级初步意见以及工程预验收阶段工程质量问题整改销项情况。

(4)项目设计方提供工程建设过程中设计文件执行情况以及设计方对工程质量的评价情况。

(5)项目勘测方提供勘测设计资料及施工过程中实际地质情况，以及勘测资料能否满足设计要求和工程实施要求的支撑材料，并从勘测角度对工程质量进行评价。

(6)项目建设方提供工程合同履约以及工程建设各环节参建各方执行法律、法规和工程建设强制性标准等情况，并从工程质量、安全和环境保护等方面进行评价。

(7)验收小组对工程实体进行外观、实测实量以及内业资料检查，项目施工方应事先准备好检查所使用的仪器和设备；对竣工验收时无法再进行检测的项目，可在实测实量表上填写“同意预验收实测实量资料”。

(8)验收小组对整个工程验收提出工程质量检查意见，形成书面验收结论，并书面列出需整改的项目，由项目监理方负责监督并在整改后销项。

(9)自工程竣工验收合格之日起15日内，由项目建设方提供备案资料，向工程质量管理主管部门进行备案。

6.3 试运营基本条件验收

城市轨道交通在试运营前需进行试运营基本条件验收,试运营基本条件验收包含规划、质量、安监、环保、卫生、档案、气象、消防 8 个方面。考虑到项目跨区域特殊性,验收内容根据属地化管理,并结合上海、江苏两地试运营基本条件主要要求实施。

6.3.1 规划验收

项目在申请取得规划验收许可证前,按照属地原则,由上海和江苏两地分别获得建设用地批文,并在取得国土资源主管部门下发的国有土地划拨决定书后,办理建设工程规划许可证;项目建设方委托第三方测绘单位实测建筑面积、车站周边地貌等项目,并出具测绘报告;工程质量验收完成,取得房屋建筑《质量验收合格证》后,办理《房屋产权证》。具体验收流程如图 6-1 所示。

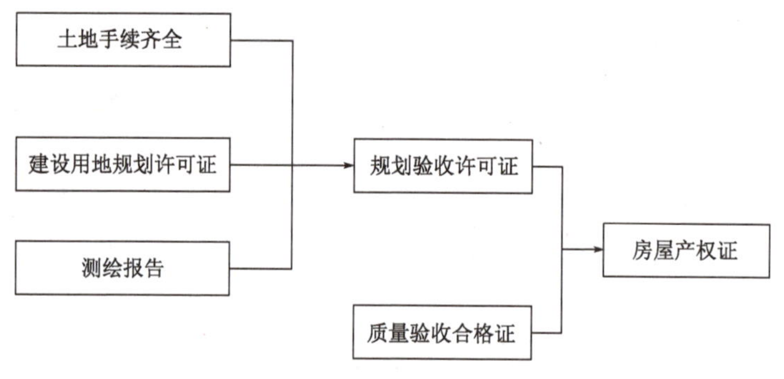

图 6-1 规划验收流程

6.3.2 质量验收

工程质量验收以分部分项工程为单位,由工程质量管理主管部门组织并监督,项目建设方、项目施工方、项目监理方参与,验收结果需报工程质量管理主管部门备案,并取得工程质量监督合格报告。

6.3.3 安全验收

项目在建设前期需先委托咨询机构编制安全预评价报告,由于涉及跨省域,需获国家安全监管部门备案;在试运营竣工验收前需先委托咨询机构编制项目安全验收评估报告,并召开专家验收会进行评定,专家评估结果报国家安全监管部门备案。

6.3.4 环保验收

项目建设前期需先委托专业咨询机构编制环境预评价,根据属地化原则,分别在上海、江苏环境主管部门申报,取得预审核批复文件;工程竣工验收同样根据属地化原则,在两地同时申报,并委托环保专业咨询机构进行试运行前环保落实情况评估,并由项目建设方组织验收,验收结果报环保主管部门备案。

6.3.5 卫生验收

1)职业病危害评估

由于职业卫生行政管理职能调整,行政主管部门由原先卫生主管部门转到安全监管部门。国家安全生产监督管理总局《建设项目职业卫生"三同时"监督管理暂行办法》(第51号令)规定:"建设项目完工后,需要进行试运行的,其配套建设的职业病防护设施必须与主体工程同时投入试运行。试运行时间应当不少于30日,最长不得超过180日,国家有关部门另有规定或者特殊要求的行业除外"。

根据上述要求,城市轨道交通项目在试运营180日内应当进行工作场所职业病危害因素浓度或强度检测,并进行职业病防护设施竣工验收。在验收前,需先委托专业咨询机构进行职业病危害竣工评估,进行现场职业病防护涉及的相关环境检测,并编制评估报告,召开专家验收会,并报省级安全生产监督主管部门批复。

2)公共卫生评估

卫生验收还需进行公共卫生评估,委托专业咨询机构编制评估报告,并在市级卫生主管部门办理公共场所卫生许可证。

6.3.6 档案验收

本项目档案由上海、江苏分别存档，建档标准根据上海地铁建设归档要求实施；档案验收根据属地化由项目投资所在地档案主管部门负责实施。

1)档案表式

考虑到本工程为上海轨道交通11号线延伸段，前期备案、报监均在上海，沿用上海轨道交通竣工档案有关表式规定，统一编制竣工资料。

2)档案组成

档案资料包括4个阶段，分别为：第一阶段（立项及前期）、第二阶段（勘察、设计）、第三阶段（工程建设）、第四阶段（竣工决算）。其中在试运营验收前，由项目投资所在地档案主管部门组织完成第三阶段档案的预验收，并取得档案预验收结论单。

3)组卷套数

四阶段竣工档案全部需组卷归档，并接受上级档案主管部门验收。一般，编制三套正本原件、两套副本原件，其中三套正本原件分别由项目投资所在地档案主管部门、项目投资方、项目代建方保管；两套副本原件，分别提交工程接受单位（运营、维护保养）、项目代建方所在档案主管部门。

4)具体工作

(1)按照预定通车试运营计划，项目投资方启动对参建单位的竣工档案编制交底工作，布置编制要求。

(2)对前期委托项目施工、监理方采集的视频影像资料进行汇总，并委托第三方服务机构进行后续视频影像采集工作。

(3)通车试运营前，档案应完成第三阶段档案预验收。档案预验收工作由档案接收单位——项目投资所在地档案主管部门组织，通过验收专家会形式，以工程合同为单位对项目施工、监理方编制的竣工资料进行预审核，并出具预验收结论单。

5)综合验收

在预验收基础上，由档案接收单位组织国家验收。项目建设方委托第三方服务机构按照档案验收规范，完成视频资料编码、纸质资料电子化、档案组卷等工作。

6.3.7 气象验收

根据《中华人民共和国气象法》,建设工程防雷由县级以上气象单位负责验收工作。本项目防雷设计审核根据属地化原则,由项目投资所在地气象主管部门组织验收,验收项目、内容与项目代建方即上海轨道交通防雷验收标准一致。验收完成后,由项目投资所在地气象主管部门批复《防雷设计核准书》。

6.3.8 消防验收

消防验收根据属地化原则,由所属辖区消防行政主管部门负责。项目建设前先进行消防设计审核,取得消防设计审核批复文件;项目建成通车试运营条件前,需先委托专业消防检测机构进行工程消防检测,检测结果合格进行消防验收申报,最终取得验收批复。

第7章

运营管理

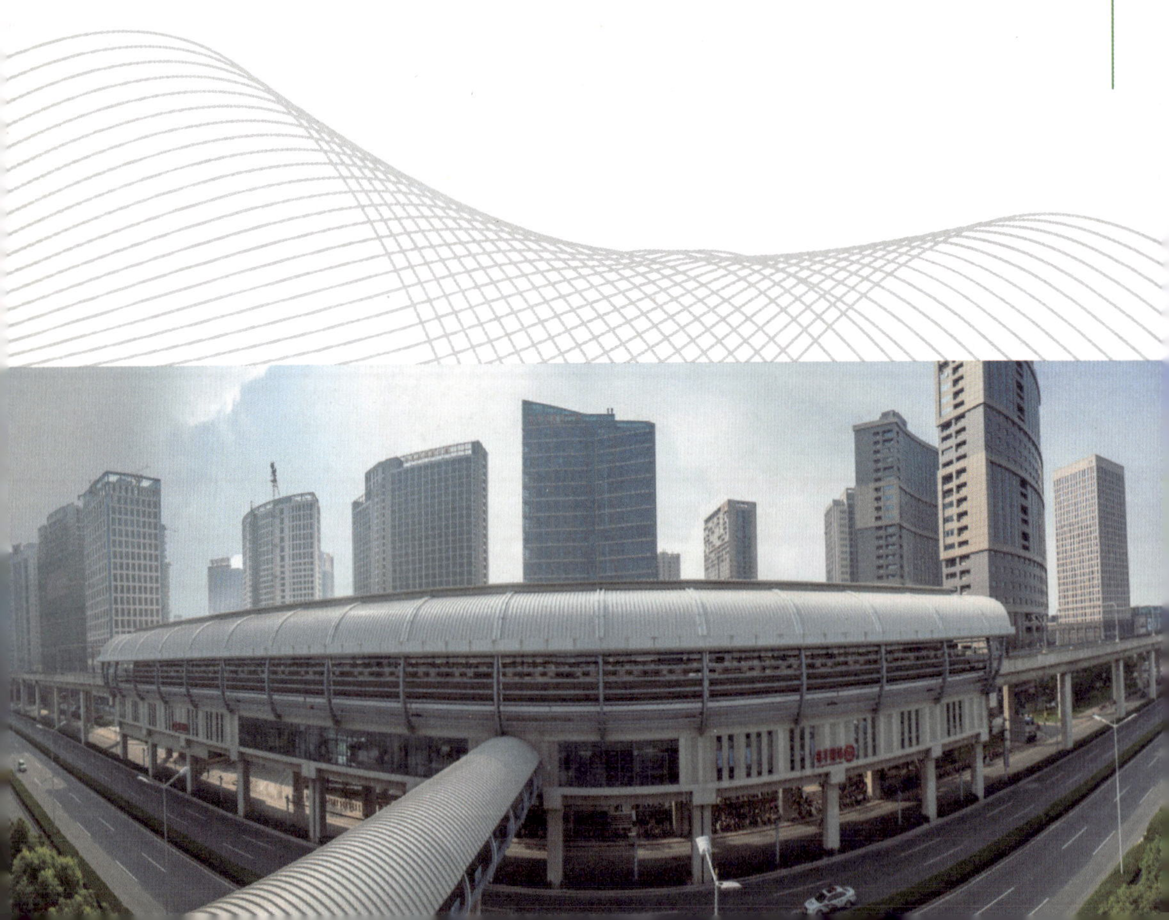

7.1 基本原则

城市轨道交通发展到一定阶段后必然面临公益性和赢利性的矛盾。从社会效益看,轨道交通始终离不开政府的支持;从经济效益看,昂贵的运营成本一直是政府的负担。从现状看,目前既有国有国营模式,如北京地铁、上海地铁、苏州地铁等,为国内主要运营模式,也有国有民营模式,如京港地铁、杭港地铁等,还有前文讨论过的 BOT 模式等,该模式仍需深入探索研究。对跨区域城市轨道交通而言,采用何种运营模式,不仅是"谁来运营"的简单问题,而是要从城市发展全局,科学、客观、全面地研究和探索。

7.1.1 运行模式

跨区域城市轨道交通具有双重功能:一是城际通行功能,快速连接邻近城市,如上海轨道交通 11 号线连接上海、江苏(昆山);二是市区地铁功能,满足公众本市范围日常出行需求。对长三角地区而言,目前已有更便捷的高铁网络,故城市居民对地铁功能的需求或许更加强烈,因而跨区域城市轨道交通运营间隔时间不宜过长。

因此,对跨区域城市轨道交通在兼顾城际快线铁路功能的基础上,如何解决市区地铁功能问题,显得尤为急迫。研究借鉴日本轨道交通运营组织灵活多样的特点,实现城际快线"快速化全线运行"(必要时建设复线)、区域地铁"区域化高密度运行"的双重功能,建立"全线大交路贯通运行、区域小交路独立运行"的大小交路运行模式。

7.1.2 运营模式

轨道交通运营作为实现民生、公益性的载体,是一个长期经营、永续经营的过程,其运营理念、服务质量、工作效率等直接与公众日常生活、工作息息相关,既是城市的一个窗口,也是公众关注的焦点。因此,轨道交通运营对城市和谐发展意义重大。

委托运营表面看可以解决运营及维护保养人才储备、队伍建设,运营及维护保养工作筹备、组织和开展等工作,但非一劳永逸,随之带来成本控制与管理、运营服务质量、政府需求响应、固定资产监管、解决地区就业、公众满意度及认同感等诸多问题。同时,轨道交通运营作为一项系统性的城市公共服务工作,还涉及城市宣传、治安管理、消防管理、市容管理、交通管理、应急管理、公众服务等与市相关部门协调配合工作,需要较高的协同性。

此外,在委托运营过程中还可能出现:①委托方干预力弱,委托方与被委托方之间容易产生沟通不畅、发展理念冲突等诸多问题。②成本控制压力大,委托运营后投入预算的主动权受被委托方主导,资金投入逐年攀升,给成本控制带来压力。③公众归属感弱化,委托运营后运营服务、运营文化、运营人员等均带有代运营企业自身显著特征,不利于城市轨道交通可持续发展。④轨道交通运营就业需求巨大,委托运营后无法掌握运营人员招录的主动权,给本地人口就业带来压力。⑤制约专业人才培养,采用委托运营,专业人才的招录、培养、使用、调配均由被委托方实施,使委托方面临人才不敢招、无法用的尴尬局面,错失轨道交通运营人才培养时机,且后期成本高,不利于运营长期发展。因此,对于一刀切式的全部打包委托运营模式,不建议采用。

对跨区域城市轨道交通而言,由于涉及多个地区,需全线跨区域协同配合,建议三种运营模式供参考:

(1)模式一,"初期全线委托运营、后期移交"模式,即运营初期(一般3~5年)全线运营委托项目代建方实施,同时招录各岗位专业技术人员由委托单位培养,并参与运营,运营后期由项目投资方接管全部运营。

(2)模式二,"全线大交路委托运营、区域小交路独立运营"模式,即全线运营委托项目代建方实施,区域线路采用区域小交路运行模式由投资方独立运营。该模式对政策性指令的执行、区域线路运营安排及成本控制优势明显,但需未雨绸缪,提前启动运营人才储备计划,引进各专业技术人才,打造运营及维护保养专业团队(图7-1),并建立运营筹备组,参与建设协作。

(3)模式三,"区域合作、共同运营、分工管理"模式,与项目代建方成立合资运营公司,共同实施全线及区域小交路运营管理工作。该模式能借力培养运营管理队伍,但对理清双方权责范围及各个管理接口要求较高,且面临利益分配及今后主要岗位人才流失问题。

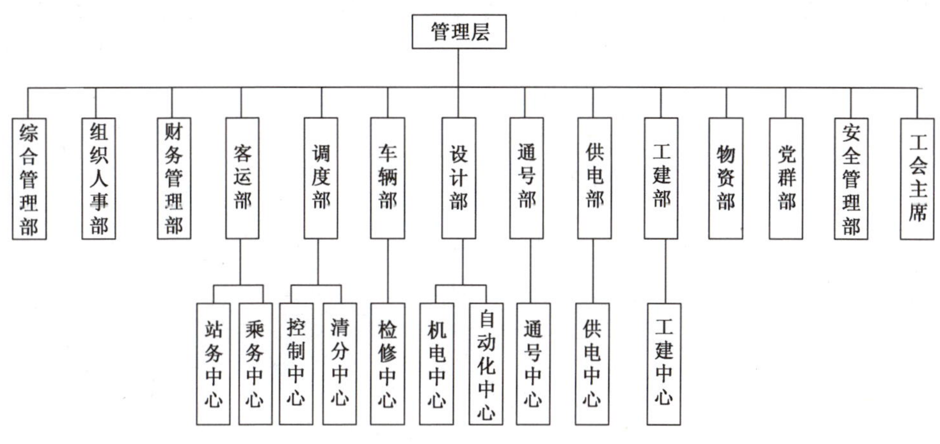

图 7-1 区域小交路独立运营组织初步架构

7.2 运营管理实践

上海轨道交通 11 号线江苏段运营管理采用 7.1.2 节模式一,初期委托项目代建方运营机构进行运营管理,同时在委托运营期进行各专业技术人员的储备和培养,委托运营协议期满后将车站级运营管理移交给项目投资方独立运营,因信号、系统等线网级设备设施无法分割,该类运维管理工作仍由原线路运营单位进行统一运营维护保养。

7.2.1 委托运营

本项目在建成通车初期,采用 7.1.2 节模式一"初期全线委托运营、后期移交"模式,全线列车驾驶、行车指挥、网络系统、设备维护保养、车站、乘务等日常运营管理及设施维护委托项目代建方运营企业实施,并招录各岗位专业技术人员由委托运营单位培养。同时,根据收支两条线原则,项目的票务纳入代运营方即上海轨道交通网络的票务清分系统统一清分,运营收入归委托方即项目投资方。每年运营和维护保养成本由委托方与代运营方按实结算。

7.2.2 运营移交

在委托期满后,由项目投资方接管车站级运营管理(图 7-2)。运营管理人员全部来自提前储备和培养的各岗位专业技术人员，一般需2～3年的培养期。

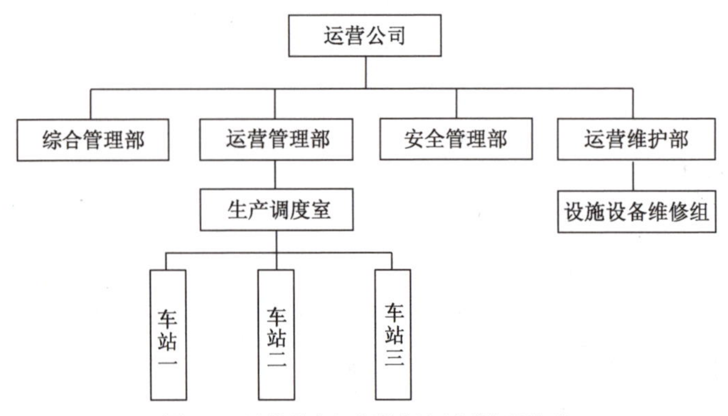

图7-2　运营移交初期投资方运营组织架构

1）移交岗位

如前所述，由于信号、系统等线网级设备设施无法分割，列车驾驶、网络管理及服务、系统维护及管理等岗位仍由原线路运营单位进行统一运营维护。移交岗位主要涉及车站级管理及设备设施维护保养，包括区域站长、车站值班站长、车站值班员、车站设施维修、站务、保洁、安检等工作。

2）移交设施

移交设施主要包括环控/制冷、上下水、低压配电、车站照明、车站装饰装修、车站服务性设施、自动售检票系统（AFC）、火灾自动报警系统（FAS）、楼宇自动化系统（BAS）、门禁系统（ACS）、电扶梯等。同时，考虑线网整体性，车站安全门系统（含红外线、UPS等）、区间动力与照明系统等由原线路运营单位进行统一运营维护。

3）管理标准

运营移交后，企业层面运营涉及的管理标准、流程等仍参照代运营方执行的相关城市轨道交通运营管理标准、规范、文件等实施，包括相关操作规章制度、作业及标准流程、服务标准、各类应急预案、设施维修、行车管理等。同时，为保持全线运营服务标准的统一性，本项目作为原线路延伸段，运营服务工作质量仍由全线统一进行日常工作监督与考核。

7.2.3　日常管理

政府层面日常管理，如城市卫生、安全、治安、消防、运营、无线电、特种设备、计量器具、防雷检测等根据属地化原则，由所在地相关政府主管部门根据各自职责进行日常监督与管理。同时，对于需多地协同的监管工作，如治安，建立“多地联动机制”，打破区域壁垒，特别在重大节假日，通过多地联合、联动，有效建立系统性、整体化多地综合治安监管体系；对某一车站，进一步建立企业与政府、主管部门“四长联动机制”，包括属地政府镇长、轨道公安警长、属地派出所所长、地铁车站站长。

7.2.4 保护区管理

跨区域城市轨道交通保护区实行属地化管理，政府层面的管理根据所属区域人民政府公布的管理办法或条例执行。若所在地未有相关管理规定的，可先参照代运营方所在地区城市轨道交通相关管理办法或条例实施。本项目江苏段参照《苏州市轨道交通条例》进行保护区管理。保护区定义、范围、保护区内行政许可、特别保护区规定、保护区技术评估、项目管理、技术方案审查等内容详见8.3节。

7.3 运营管理组织

7.3.1 安全生产

建立由决策层、管理层、执行层三级组成的企业安全管理体系（图7-3），其中，决策层为企业安委会，管理层包括各部门负责人及专（兼）职安全管理人员，执行层由各班组（车站）组成。在此基础上，建立高密度、网格化安全生产监管和责任体系。其中，企业主要负责人为网格长，企业分管负责人为副网格长，各部门负责人为网格员；建立安全生产网格化监管模式，即各责任部门按照各自的职责范围，将安全责任作内部分解，落实责任人，明确工作职责，全面负责责任区安全生产工作，实现“横到边、纵到底”高密度、网格化安全生产监管。

7.3.2 客运服务

上海轨道交通11号线江苏段工程作为上海轨道交通11号线的延伸段，属于全线乃至上海轨道交通网络密不可分的一部分，故如前所述，行车指挥、线路、信号系统等线网级运营管理仍由上海实施，车站级运营由投资方属地化管理。因此，客运服务架构体系（图7-4）根据运营实际设置，并作为整条线网的一部分，与上海充分对接协调，在管理标准和要求上接受其监督。

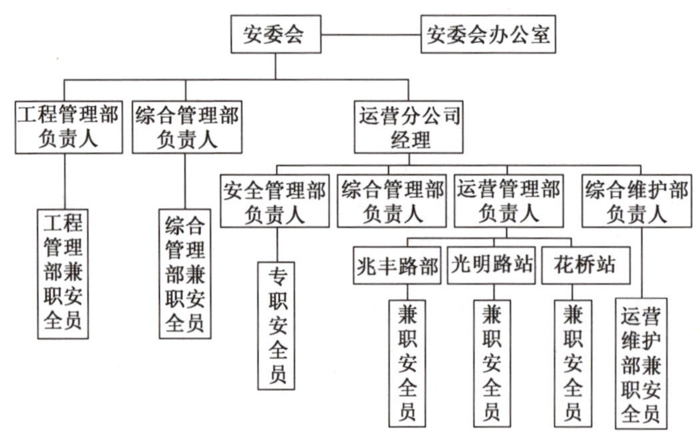

图7-3　上海轨道交通11号线江苏段安全管理组织架构

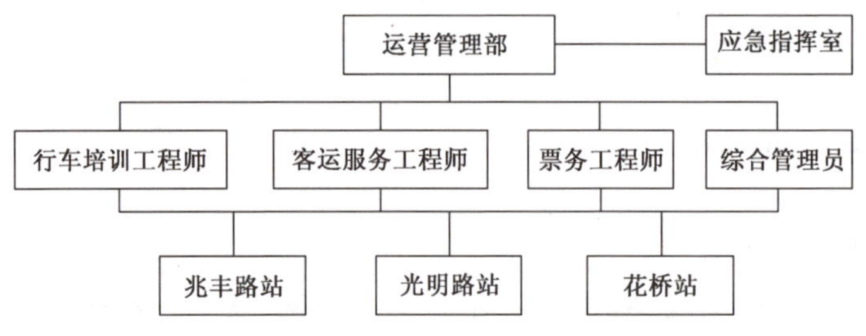

图7-4　上海轨道交通11号线江苏段客运服务架构

7.3.3　维护保障

如前所述，上海轨道交通11号线江苏段维护保障主要涉及车站级设备设施维护，包括自动售检票系统（AFC）、火灾自动报警系统（FAS）、楼宇自动化系统（BAS）、门禁系统（ACS）、环控/制冷等，具体内容参考7.2.2节，维护保障管理架构如图7-5所示。

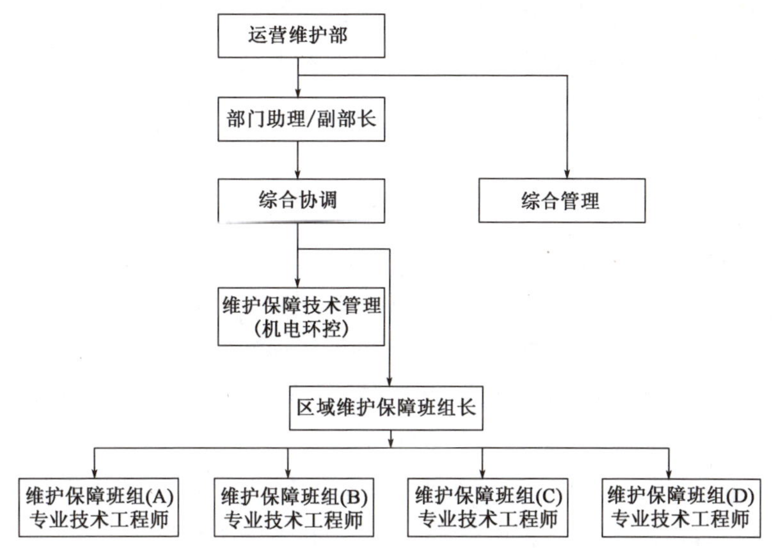

图 7-5 上海轨道交通 11 号线江苏段运营维护保障架构

7.4 运营管理职责

7.4.1 生产管理

车站一线生产包括区域站长、站长、值班站长、值班员、站务员等运营管理人员以及班组长、故障处理、巡视、日常保养等设备设施维护保养保障人员。部分岗位工作要求如下：

1)值班站长

(1)贯彻执行车站各工种操作规范,及时掌握车站行车组织、客运组织、客运服务等工作情况,检查督促本班组各岗位执行操作规范等要求。

(2)负责车站消防安全设施巡检,在发生异常情况及突发事件时,按预案要求进行处理。

(3)负责车站票务设备及票、款、卡日常管理,处理乘客退票、退卡及相关事务。

(4)负责车站客运服务,接待乘客来电来访,配合服务热线及区域站长处理乘客投诉和各类纠纷。

(5)根据全员设备管理要求,实施车站设施设备管理及日常巡视操作、故障报修及跟进。

2)行车值班员

(1)负责接收、传递调度命令,监视列车运行,关注站台客流动态,广播宣传,按列车运行图接发列车。

(2)非正常情况下,按照调度命令办理行车闭塞、传递行车凭证等各类行车作业,执行行车作业标准,操作各类行车设备,监控列车运行,并进行信息传递。

(3)加强与运营调度员、列车司机、邻站车站值班员联系,进行站调联控、站车联控、站站联控,确保列车安全正点运行。

(4)进行运营前车站相关行车设施设备状态测试检查,运营期间车站相关行车设施设备监控,运营结束后车站相关设施设备关闭及调整。

(5)负责车站车控室管理,执行进出车控室登记制度,保管车站各类备品备件。

(6)负责夜间车站设备运行管理,督促站务员做好夜间巡视和道床清扫,确保夜间车站安全。

7.4.2 技术管理

技术管理主要包括行车、客服、票务等运营管理人员以及风水电、自动售检票系统(AFC)、火灾自动报警系统(FAS)、楼宇自动化系统(BAS)等维护专业技术人员。部分岗位工作要求如下:

1)行车培训工程师

(1)负责衔接全线线路行车管理,对江苏段车站日常行车工作进行技术保障。

(2)负责对所辖范围内的行车事故事件进行先期处置和调查取证,配合相关部门进行事故事件调查,制定有效整改措施。

(3)定期组织进行各类行车、安全检查,督促整改检查中发现的问题。

(4)根据全线路统一要求及车站实际需求,对车站行车备品备件提供后勤保障,定期检查车站行车物资情况,按计划落实行车物资申报、收发和补缺。

(5)根据线路整体要求,定期组织车站值班站长针对车站一站一预案进行“制度回头看,预案定期理”的修订工作,对行车类规章进行修订,确保行车工作制度符合行车工作需要。

(6)把控车站非正常行车时的作业流程,制定有效盯控措施,确保车站非正常行车情况下的行车秩序和运营稳定。

(7)盯控车站施工作业流程,重点掌握重大施工和车站设备设施整改方案,保证车站施工作业安全。

2)客运服务工程师

(1)负责衔接全线线路客服管理,对江苏段车站日常客运服务工作进行技术保障。

(2)负责员工服务形象、仪容仪表、服务用语、服务技巧、服务环境等日常客服工作指导。

(3)负责车站客运服务伤亡事件的技术指导和先期调查,定期整理汇总车站客伤案例,对车站服务岗位进行客伤处置培训。

(4)负责车站乘客投诉的受理和车站处理指导,并按时反馈调查和处理结果。

(5)按照上海地铁线网和线路的节假日和大型活动保障方案,制定车站节假日及大型活动客运组织方案,严格执行车站大客流处置及限流规定,并组织车站人员进行布置和落实。

(6)根据上海地铁对外服务规范,牵头开展车站服务品牌和班组建设,制定阶段性创建计划并组织实施。

(7)协助培训工程师制定车站客服培训计划,定期开展服务工作交流和服务技巧培训活动。

(8)根据上海地铁客运服务工作制度和要求,组织车站值班站长定期整理和修订车站服务要求,并组织实施。

3)风水电/FAS/BAS/AFC专业工程师

(1)负责设备及其相关部件的运用、维修、试验和安全方面的技术保障。

(2)及时优化和完善相关技术标准和规范要求,并监督工班进行日常巡检维修作业。

(3)组织设备调试、验收,承担设备设施技术升级和管理,解决维修中各类技术问题。

(4)指导和监督各类委外合作方,指导各类检修人员开展专业技术工作,提高设施设备运行管理及检修人员业务技能。

7.5 运营管理探索

跨区域城市轨道交通既有一个城市轨道交通发展的共性,也有其自身特点,如票价制定和管理、交通一卡通等需多个区域协同、共享。因此,探索发展跨区域城市轨道交通自身独立的发展模式既是长期目标,也是必经之路。在发展初期,就应明确定位,研究对标管理、品牌建设、成本控制、定价机制等多方面发展。

1)对标管理

发展初期,轨道交通经营企业宜以国内地铁发达城市运营企业为标杆,通过深入研究标杆企业在轨道交通运营、维护保养和经营开发等方面的先进经验,建立对标管理体系。

2)品牌建设

在运营管理过程中,注重运营品牌建设,并逐步完善和深化品牌内涵。①打造星级服务品牌,围绕乘客多元化需求,根据跨区域特点,深入研究星级酒店、航空等高端服务理念,结合轨道交通自身特色,开展延伸服务和增值服务,创新服务内容和服务形式,提升运营服务的内涵和水平。②营造舒适和谐的环境,从乘客乘车体验出发,通过提供免费报纸、杂志、地图、天气提醒、旅游信息、新闻等提升软件环境以及对导向标志、进出站闸机、安全门等设备设施进行优化提升,充分体现以人为本服务理念,让乘客充分感受轨道交通带来的全方位体验,保障车站客流组织通畅、有序。③做好服务培训,建立包括行为礼仪、规范用语、现场服务等全面运营服务体系,聘请内部优秀车站运营管理人员为培训导师,根据发展情况,适时建立运营服务培训中心。

3)成本控制

未雨绸缪,新项目建设过程中提前研究并建立轨道交通运营成本控制体系。①控制人工成本,人工成本占轨道交通运营成本一半以上,控制运营人员数量对降低运营成本影响较大,应深入研究人才架构,优化组织体系。②压缩电费支出,电耗是城市轨道交通运营另一项较大投入,因此在日常运营过程中既要争取城市公共设施优惠电价,也要坚持环保节能理念,积极推进节能新技术、新产品、新材料、新工艺的推广应用,构建节能环保评估考核体系。③优化维护保养模式,城市轨道交通维护保养对运营成本控制十分重要,特别在列车及设施设备使用中后期,如何在保证运营安全前提下,有效控制维护保养成本,优化运营维护保养体系,延长设施设备生命周期,建立多元维护保养模式和发展路径,尤为重要。建议引入市场竞争机制,研究独立维护保养、联合维护保养、委外维护保养等多种维护保养模式的可行性与科学性,实现综合效益最优化。④挖掘运输潜力,通过理论分析、实践总结等多元探索,努力增加轨道交通运输能力,提升运营效率,发挥运营设备的效能。

4)定价机制

跨区域城市轨道交通涉及多个行政辖区,由于各区域发展等差异,宜在多方充分协调的基础上,研究建立跨区域定价机制,并确保城市轨道交通与其他公共交通一卡通功能。同时,也应确保定价的弹性,在保障民生的同时,刺激轨道交通经营企业优化生产要素组合,进行技术革新和管理创新,提高运营效率。如赋予企业对票价进行微调的权利;根据乘坐里程制定不同的票价;研究单程票、月票、旅游票、储值票、老年票、学生票、纪念票等多个票种方式。

7.6 运营评价

上海轨道交通11号线江苏段“跨界地铁”的开通,不仅解决了两地交通出行,实现两地“同城效应”,更重要的意义在于将传统城市内部的TOD模式(公共交通导向发展)创新性地延伸到两个城市乃至两个省(市),打破区域界限,将协同发展、一体化发展理念提升到都市圈层面,进一步优化都市圈城市空间布局、协调区域发展、促进产业提升,实现都市圈经济、社会、文化、产业协同与可持续发展。因此,从这个意义看,本项目作为全国首条跨省(区域)城市轨道交通推动区域一体化发展的探索,可为全国如京津冀、珠三角等区域一体化发展起到示范作用。

7.6.1 经济、社会、文化的影响

1)联动发展

上海轨道交通11号线江苏段项目开通运营,有效实现了上海、江苏(昆山)区域协调发展,增强区域联动,充分发挥各自整体优势,如上海将产业外溢给江苏(昆山),江苏(昆山)利用制造业优势进行产业支撑等,推动区域优势互补和资源共享。同时,通过城市轨道交通为纽带和载体,充分利用区域产业协同发展,进一步优化城市布局,拓展城市空间,集约利用土体资源,内联外通,打造区域轨道交通发展经济带。在此基础上,宜进一步整合区域经济、旅游、文化、商业等资源,多元发展,如商业形态上探索现代商业与传统商业模式结合、旅游上推进现代都市与江南水乡旅游资源整合、文化上实现海派文化与江南文化融合。同时,江苏(昆山)作为国内有影响力的台商聚集区之一,可进一步结合海峡两岸经济合作,打开长三角乃至内地与台湾省协同发展格局,创新发展路径。

2)产业布局

轨道交通作为一项十分复杂的系统性工程,涵盖了高新技术、新材料、新工艺等多个领域,涉及先进技术与装备、通信及信号系统、机电设备、车辆工程、技术咨询、工程建设、运营服务等多个行业,对城市高端技术及先进制造业具有强大的带动和提升作用。因此,应从产业全局来看待轨道交通全面可持续发展。

同时,轨道交通产业作为国家加快培育和发展的战略性新兴产业,对跨区域城市轨道交通沿线地区而言,紧紧抓住轨道交通发展机遇,除利用各自产业资源优势,进行产业发展互补、协同和联动外,更应从抢占新一轮经济和科技发展制高点出发,明确新的发展定位和方向,如定位于发展创新型的城市轨道交通,聚焦当前城市轨道交通产业链缺失环节、关键环节的需求,整合资源,打造城市轨道交通的技术创新平台、公共服务平台、技术转移及企业孵化平台;根据《国务院关于加快培育和发展战略性新兴产业的决定》(国发〔2010〕32号)、《"十二五"国家战略性新兴产业发展规划》(国发〔2012〕28号),在节能环保、新一代信息技术、生物、高端装备制造、新能源、新材料、新能源汽车7个战略

性新兴产业中重点培育和发展与轨道交通相关的高端装备制造、新材料等领域的产业。

具体实施上，整合多区域轨道交通相关产业资源，建立区域产业合作机制，打造轨道交通产业链。可进一步研究跨区域合作建立：①省级乃至国家级轨道交通科技产业园，引入技术、资本、服务等多种生产要素，配套知识产权、金融资金、商务服务等产业服务支撑体系，吸引国际、国内知名研究机构设立研发中心，集聚国家领军型科技创业人才，重点研发诸如车辆、牵引、制动、信号、转向架等核心技术，提高自主研发和关键系统的国产化水平。②轨道交通装备制造基地，发展轨道交通高端装备，形成一批具有较强自主创新能力和技术引领作用的骨干企业和具有竞争优势的专业化生产企业。③轨道交通新材料技术研究中心，重点研究轨道交通高性能复合材料，解决轨道交通复合材料先进制造与工程应用的关键问题，建设具有较强自主创新能力和可持续发展能力的高性能、绿色化的轨道交通高性能复合材料产业体系。同时，应充分利用港口优势，规划货运专线，便于轨道交通装备制造基地的产品能迅速运往国际市场，凸显技术及区位优势。

3）城市更新

轨道交通能有效带动沿线城市更新，促进商业、服务业等在更广的空间区域集聚。①形成以重要车站为中心的商业集群，提升传统商圈能级并促进形成新的商圈。在沿线重要站点直径1km范围内与城市更新相结合，重点发展“站点经济”，如打造区域地标型综合社区、高品质商业区等。②形成以车辆段、停车场为依托的上盖资源再造，可进行住宅结合商业综合开发，也可以置换土地资源，或作储备预留。③充分挖掘地下空间资源，建立地下商业街，打造轨道特色文化。如以水乡为主题打造水乡文化、以海峡两岸为主题打造海峡文化、以红色主题为特色打造红色教育基地等。④做好沿线地块开发储备，如位于高铁、地铁“两汇合一”的特殊地段，可结合今后发展作后期开发预留站点考虑。⑤依托轨道交通开发出的衍生资源，发展如广告传媒、商贸商务、餐饮、文化娱乐、旅游观光等服务业。⑥轨道交通建设运营所带动的技术型服务业发展，如通过建设可推进发展工程设计咨询、工程技术检测监测、项目管理等传统行业；通过运营管理建立地铁文化传媒、研发、维护、培训、物业、安保等机构，创造新的发展业态。

7.6.2 客流出行影响

根据上海轨道交通 11 号线江苏段设计阶段的客流分析[1],预计开通运营初期(2015 年)、近期(2022 年)、远期(2037 年)全日总客流分别为 2.48 万人次、7.98万人次、10.1 万人次(表 7-1)。但事实上,开通第二年(2014 年)江苏段全日总客流即超过初期客流预测值,全年总客流达到 1136 万人次,日均总客流为 3.11万人次,比初期预测值增长 25.4%;2015 年实际日均总客流达到 3.9 万人次,比初期预测值增长 57.3%。同时,全年总客流及日均总客流逐年增长,2016 年、2017 年日均总客流分别为 4.8 万人次、5.7 万人次(图 7-6),分别比初期预测值增长 93.5%、129.8%。图 7-7 ~ 图 7-9 分别从季度、节假日/非节假日、月度对实际运营客流情况进行统计分析,结果均体现了较明显的客流逐年增长趋势。这说明,本项目引导下的两地一体化发展及“同城效应”不断凸显,随着苏昆沪联动发展的进一步深入,客流可预期将持续提升。

上海轨道交通 11 号线江苏段客流预测值 表 7-1

客流指标	2015 年	2022 年	2037 年
全日总客流量(万人次)	2.48	7.98	10.1
全日高断面客流(万人次)	1	3.21	4.06
日周转量(万人/km)	40.96	131.09	165.97
平均乘距(km)	13.5	15.4	14.6
客流强度(人次/km)	573	1833	2320
高峰小时断面客流(人/h)	1757	5622	7117

7.6.3 发展展望

长三角地区尽管经济规模和经济总体水平与国内同类区域相比有着较明显的优势,但仍存在区域发展不协调、核心城市(如上海)负荷较重、部分城市(如江苏北部)需进一步发展等问题。同时,核心城市的交通堵塞问题严重,土地资源日益紧张,后续发展面临越来越大的土地压力等问题。因此,急需从公共交通特别是城市轨道交通上破题,建立核心城市与周边城市的联系,通过交通走廊实现区域间的协同、一体化发展。

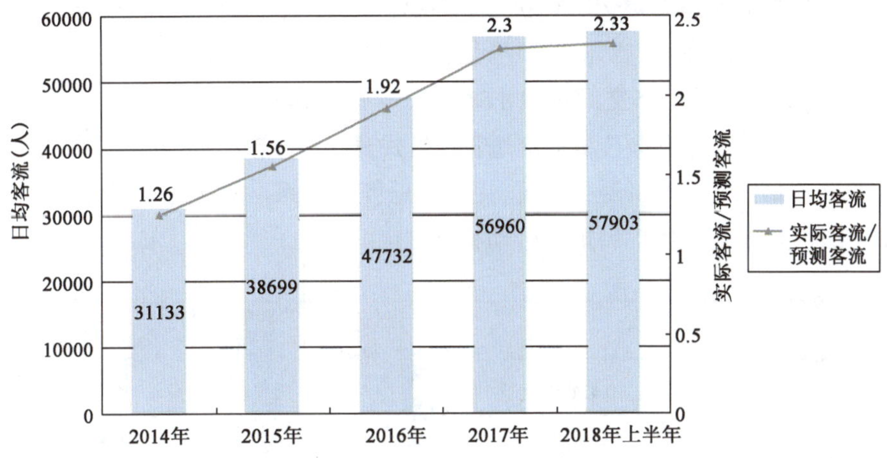

图7-6 近5年上海轨道交通11号线江苏段年日均客流数据分析

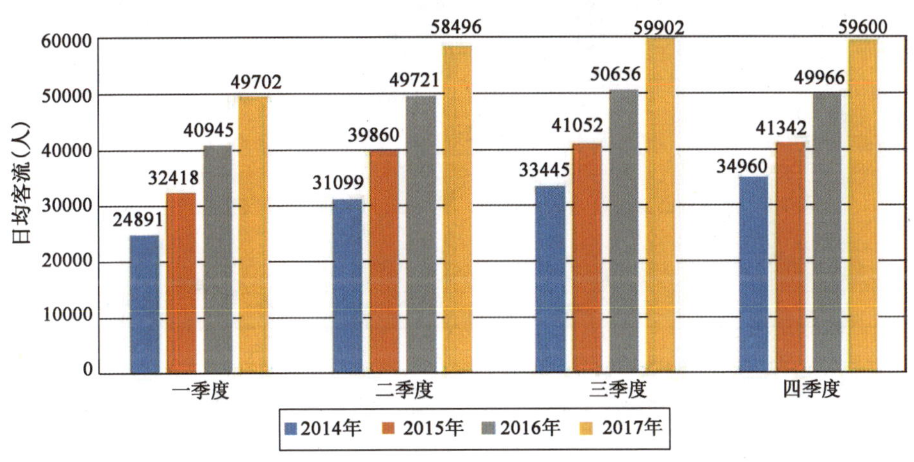

图7-7 上海轨道交通11号线江苏段季度日均客流数据统计

今后,城市轨道交通不再仅是满足人们出行的交通工具,而是综合SOD模式(服务导向发展)和TOD模式(公共交通导向发展),集促进民生、输出文化、重塑经济及区域空间、带动产业布局等多功能于一身的综合功能体[2]。

1)结合科技发展

以“互联网+”和大数据等为代表的新兴科技,大力推动了社会经济实体的发展。新时期,城市轨道交通宜立足于宏观,充分结合“互联网+”、大数据等科技手段,对交通信息化、智能化、全局化、网络化、立体化、层次化等各领域深入探索[3]。如充分利用地下空间BIM技术、GPS技术、GIS地理信息系统技术[4]及5G通信技术等。宜升级传统的交通管理模式,整合并统一管理当前分散的交通信息,实现信息及资源的最优配置,完善交通管理体系。宜优化交通发展布局,以点带面,以交通系统的智能化带动智能城市的发展。

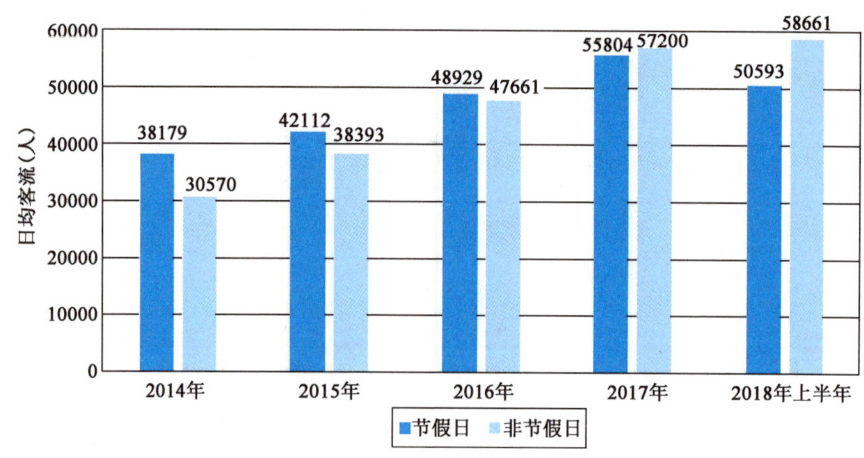

图7-8　上海轨道交通11号线江苏段节假日/非节假日日均客流数据(单位:人)

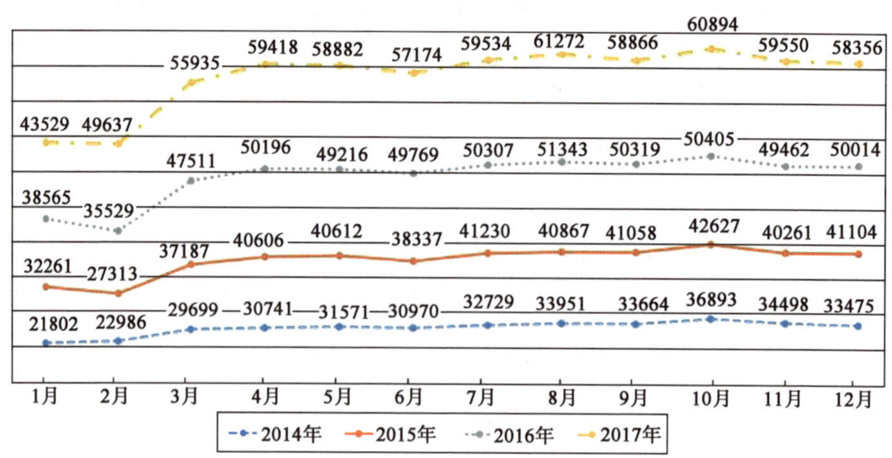

图7-9　上海轨道交通11号线江苏段月度日均客流数据

2）重视乘车体验

新时期，城市轨道交通设计与运营理念将进一步突出以人为本。人们对城市轨道交通提供的乘车体验愈加重视，除正常出行外，人们将更关注车辆宽敞性、大件行李的携带及存放便捷性等。部分发达国家城市轨道交通发展已不再局限于站立密度等理论值作论证，转而关注乘车体验和人文关怀，如丹麦专门为自行车设置了专列车厢（图 7-10）[5]，极大地提升了出行灵活性、环保性和出行覆盖面；德国车厢内饰选择了横排软座，提高了档次和乘车舒适性（图 7-11）[5]；悉尼通过设计双层地铁（图 7-12）[6]，带来全新的乘车体验和城市面貌。重视乘车体验的新理念不仅方便了民生，交通整体层次亦随之大大提升。

图 7-10 丹麦自行车专列车厢[5]

图 7-11 德国舒适型车厢内饰[5]

图 7-12 悉尼双层地铁内饰[6]

因此，新时期我国城市轨道交通发展不宜仅立足于当前客流分析[7]，更宜立足于城市长远可持续发展、立足于新时期人民日益增长的美好生活需要，遵循以人为本、重视乘车体验进行车辆技术选型。

3)注重车辆选型

在城市轨道交通发展新理念下,技术理念也应随之转变[8]。建设时期的设计、规划等问题关乎后期的成本及效率,因此,应重视线网规划、建设规划、预可行性研究、可行性研究、总体设计等前期技术工作。对于城市轨道交通建设,宜在科学论证基础上采用较为统一的工程主体结构参数、设备、设施、车辆型号等。已建或在建轨道交通的城市,宜预留跨区域轨道交通接口,并统一主体结构参数、设备、车辆型号等的采用标准。

车辆作为城市轨道交通的核心组成部分,其技术性能与结构对轨道交通工程的性能、造价、运营效益、安全会产生较大影响。不同车辆选型会引起整体系统供电、通风空调、低压配电、设备监控系统、火灾报警系统、自动售检票系统、门禁系统、给排水系统、通信和信号、屏蔽门等选型的变化[9]。

城市轨道交通建设具不可逆性,通过后期改造提升运力的难度极大。因此,车辆选型编组方案的合理与否决定了城市轨道交通系统的运能、运营水平和服务质量,亦决定着乘客乘坐舒适度、用户满意度,从而在很大程度上决定了系统的安全可靠性。同时,车辆选型对后期线路乃至整个线网存在极大影响,决定着整个系统的长期运营维护保养成本[10]。

部分发达国家相关城市很早就在城市轨道交通车型选择上关注乘客乘车体验及舒适性,并充分考虑未来城市人口的大规模扩张。纽约、柏林、东京等在城市轨道交通发展初期即将未来城市发展与乘客乘坐舒适性充分结合。以纽约地铁为例[11],在20世纪初的早期发展阶段就选用了大车型以应对未来城市人口扩张,目前的年客流量近20亿人次。面对飞速增长的客流量,高标准的车辆选型规格保证了其运营能力,体现出历史的前瞻性。

从国内开通轨道交通城市的车辆选型来看,A型车占比30%~40%,B型车占比60%~70%。其中选择A型车的有上海、深圳、广州等经济发达的沿海城市。从城市轨道交通建设时期看,初期较发达城市多选择A型车以面对客流激增的问题。随着城市发展,原先选择B型车的部分城市,如北京,已出现运能不足问题[12]。

城市轨道交通作为百年工程,一旦建成,后期很难改造。但是,依据现有的技术手段很难精确预测远期客流,如上文分析,上海轨道交通11号线江苏段设计阶段预测全日平均总客流初期(2015 年)仅为 2.48 万人次,而事实上通车第二年即比预测值增长 25.4%,第四年增长率接近 100%,且逐年上升。因此,宜从国家、城市长期可持续发展,以人为本,并结合今后预期不断发展和升级的出行需求,如乘车体验等,科学分析,提前研究规划及建设标准。

第8章

主要技术创新

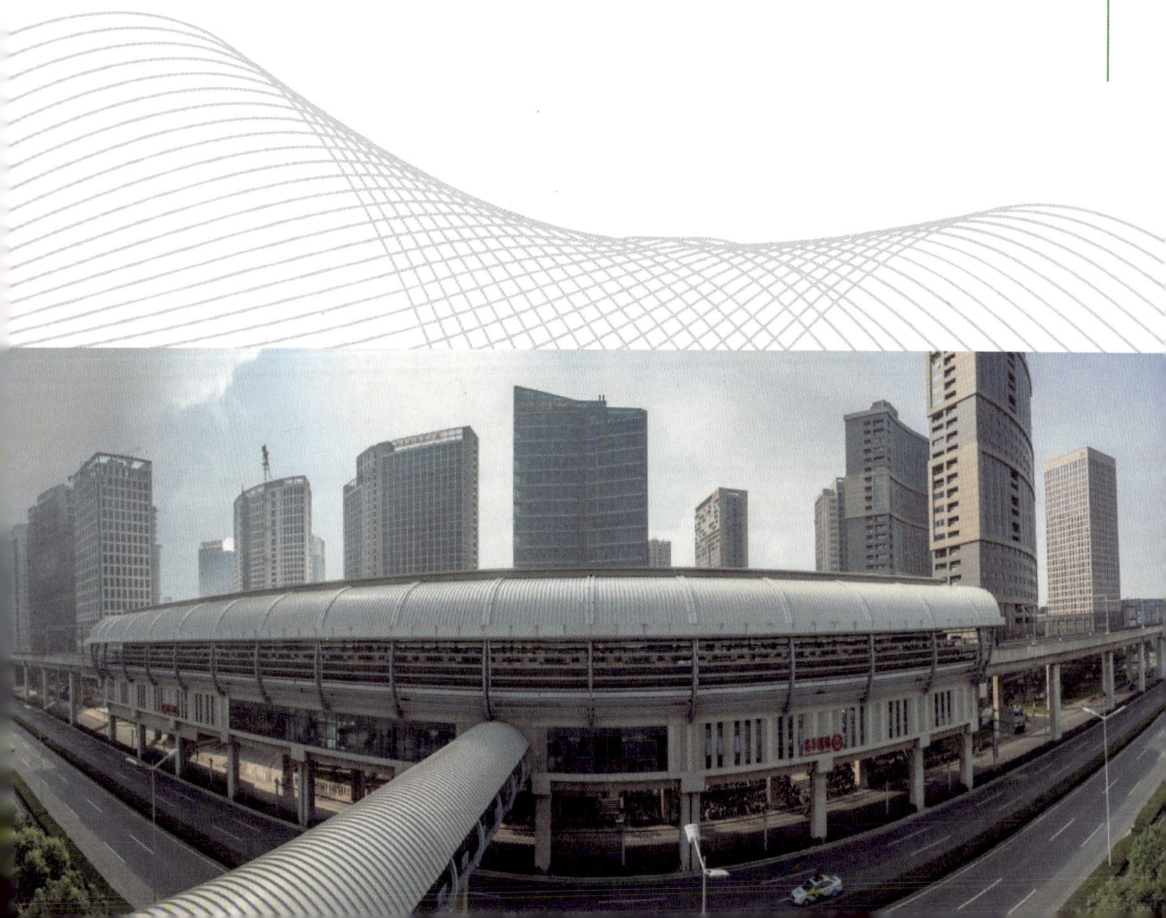

上海轨道交通 11 号线江苏段工程作为国内首条跨省(市)城市轨道交通线路,除在建设管理和运营管理做了大量探索外,在技术上也进行了一系列创新。

8.1 概述

(1)跨沪宁高速公路的轨道交通大跨桥梁转体施工技术

上海轨道交通 11 号线江苏段工程上跨沪宁高速公路大桥采用预应力混凝土连续梁桥,跨径组合为 75.5m + 129m + 75.5m,大桥与沪宁高速公路斜交约 46°。沪宁高速公路交通流量大,为确保高速公路运行安全,经综合分析比选后采用大跨度快速转体施工工艺(图 8-1 ~ 图 8-4)。该大跨度转体法施工在上海轨道交通领域建设中尚属首次,且为当时国内城市轨道交通领域类似工法转体跨径最长的城市轨道交通桥梁,有以下技术创新特点:

图 8-1　大跨桥梁转体前

图 8-2　大跨桥梁转体后

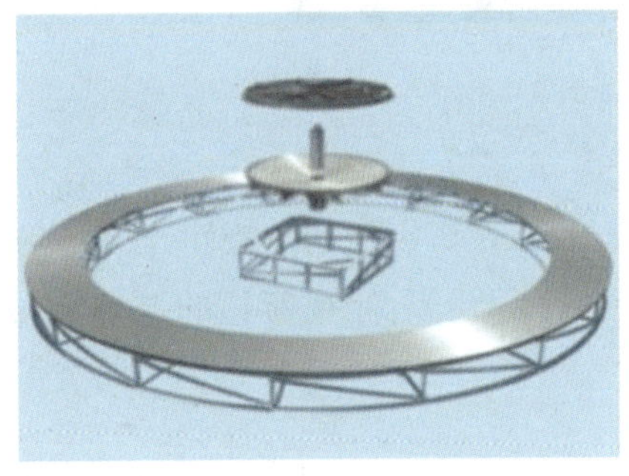

图 8-3　转体平衡体系示意图

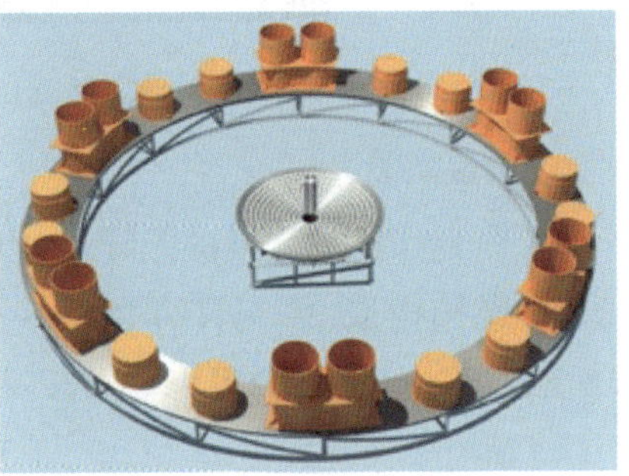

图 8-4　转体平衡体系示意图

①转体过程中将转体施工段主梁与桥墩临时固结。主梁和桥墩之间设置钢绞线、临时支座,主梁与上承台之间设临时立柱,对主梁、桥墩和上承台进行临时固结,完成转体施工及合龙后,拆除临时固结体系。

②转体过程中对梁体、墩柱进行实时监测,并根据实时数据动态分析千斤顶行程、承台转动弧长与转体悬臂梁端位移间的耦合关系,精确控制转体段与现浇段间的位移偏差。

③该桥转体施工长度达127m,单段转体重5500t,转体重量和跨度均达当时国内城市轨道交通转体桥梁之最。为增强本桥转体过程中的稳定性,研究了转体过程中的稳定问题及成桥线形的控制。

(2)轨道CPⅢ精密测量技术

为提高列车的安全性和乘客的舒适性,提升轨道的几何线性参数,使轨道在建设阶段即达到高平顺性,上海轨道交通11号线江苏段工程首次将高铁CPⅢ精密测量技术引入项目建设中(图8-5)。

图8-5　CPⅢ精密测量技术

(3)声屏障系统

综合研究噪声源强度的差异性、吸声材料以及吸声结构的特性,改善传统声屏障板的结构构造,研制具有宽频带、降噪效果显著、外观新颖的城轨声屏障(图8-6),以达到更好的吸声效果。

(4)钢桁架长枕式道岔

通过创新设计,在道岔轨下采用钢桁架长轨枕,提高道岔的组装、铺设精度,如图8-7所示。

图 8-6 声屏障

(5)安全门

在每节车厢设置一组红外探测装置,并在每樘活动门底部安装防止乘客站立的安全装置,防止乘客夹在安全门和列车门中间发生危险,如图 8-8 所示。

图 8-7 长枕式整体道床道岔

图 8-8 安全门

(6)智能照明控制系统

在站台、站厅、出入口等处采用智能照明控制系统,控制采用总线制,减少与 BAS 专业的控制线接口数量,实现照明控制智能化,提高控制性能,节约能源。

(7)一体化操作台

车站控制室均采用一体化操作台(图 8-9),对所有弱电系统的设备和管线进行统一、综合安装和布设,实现车控室整体布置美观、整洁,使用、维护方便。

(8)自动售检票(AFC)系统

牵头设备供应商,缩短宽通道检票机长度,使检票机群长度一致,增加乘客通道宽度，提升视觉效果，如图8-10所示。

图8-9　一体化操作台

图8-10　AFC系统

(9)停车场、控制中心、变电所等网络资源共享

上海轨道交通11号线江苏段工程与上海既有轨道交通线路共享停车场、控制中心、变电所等网络资源，这在国内跨区域城市轨道交通领域尚属首创。

(10)轨道交通近接施工安全保障

上海轨道交通11号线江苏段作为跨区域城市轨道交通，根据两地长时间研究探索，保护区管理最终确定实行属地化管理，政府层面的管理根据所属区域人民政府公布的管理办法或条例执行。若所在地未有相关管理规定的，可先参照代运营方所在地区城市轨道交通相关管理办法或条例实施。本项目按照属地化管理原则,上海段参照上海制定的《上海市轨道交通安全保护区暂行管理规定》实施;江苏段参照苏州出台的《苏州市轨道交通条例》并结合地区实际进行保护区管理,形成了本地的《安全保护区管理规定》。

下面就跨沪宁高速公路的轨道交通大跨桥梁转体施工技术、轨道交通近接施工安全保障、结构长期服役状态等作较详细介绍。

8.2 跨沪宁高速公路的大跨桥梁转体施工技术

8.2.1 工程概况

跨沪宁高速公路的轨道交通桥梁是上海轨道交通 11 号线江苏段工程兆丰路站至光明路站区间的一部分。大桥全长 280m,起止里程为 SDK2 +054.000 ~ SDK2 +334.00,位于设计道路中心缓和曲线接直线段上。主桥上部结构为三跨预应力混凝土变截面连续箱梁,跨径布置为 75.5m +129m +75.5m,大桥与沪宁高速公路斜交约 46°,如图 8-11 所示。

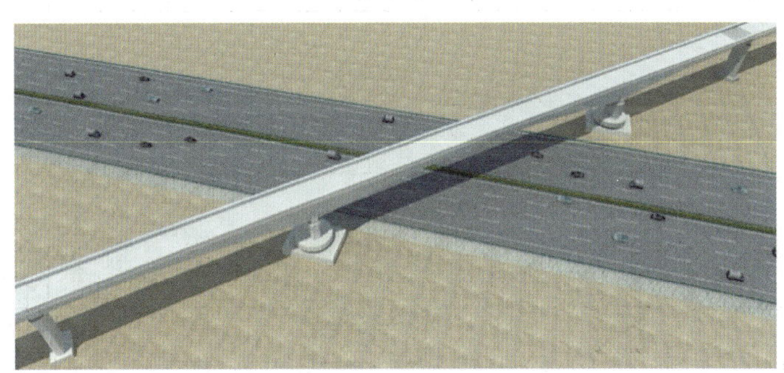

图 8-11 跨沪宁高速公路的桥梁效果图

8.2.2 转体系统简介

大桥转体系统的上下承台间设置专用钢球铰作为转心,并作为转体施工的承重体系。在上承台底面布置环形撑脚、下承台顶面设滑道作为转体的平衡系统。在下承台顶布置牵引反力座,采用 TX200LJ 型千斤顶及控制台作为牵引系统,通过两台 TX200LJ 型千斤顶张拉预应力钢绞线使上、下承台间实现转动。

转体系统主要由钢球铰、滑道、平衡撑脚、牵引系统、限位装置组成,具体如图 8-12 所示。

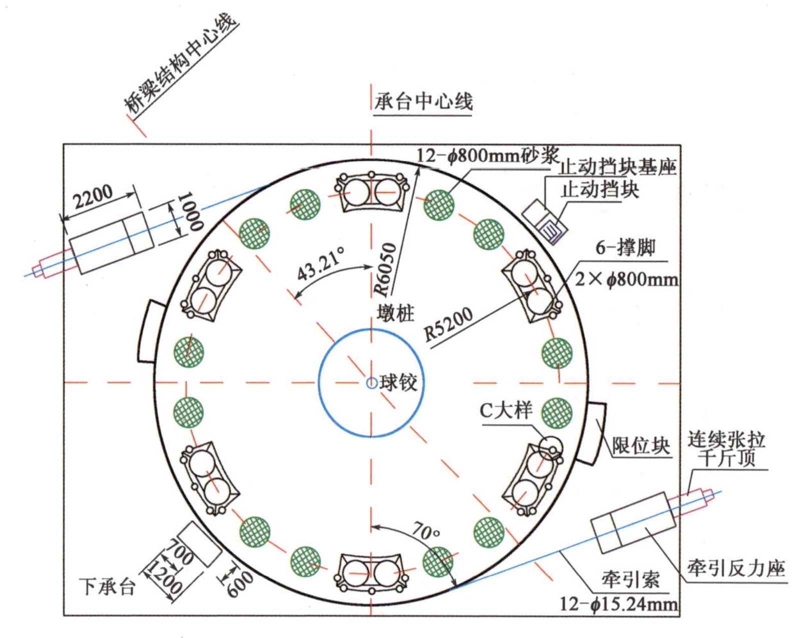

a)俯视图

b)正视图

图 8-12 转体系统布置图(尺寸单位:mm)

球铰作为整个转体体系的轴心系统,是转体体系的中心,主要承受上部荷载,由定位骨架、下球铰、上球铰、中心销轴 4 部分组成。

撑脚作为转体过程中的临时支撑系统，由 6 对 ϕ800mm 的双肢钢管混凝土短柱组成。滑道的作用是在转体过程中出现不平衡弯矩时，作为撑脚的临时支撑摩擦面。牵引系统由牵引钢绞线组成，通过张拉牵引钢绞线为转体提供动力。限位装置是桥梁转体过程中的限位止动装置，防止桥梁过转。

8.2.3 转体系统安装精度控制技术

转体系统是转体法施工的关键结构，其安装精度直接影响转体施工的成败。为保证转体系统安装精度，须控制以下几点：

(1)钢球铰骨架定位安装

骨架是整个球铰的基础部分，其安装定位精度直接影响球铰的安装精度。钢球铰骨架定位安装时要对混凝土分段浇筑并设置预埋件，第一次浇筑球铰定位骨架及滑道骨架以下部分，第二次浇筑下球铰及滑道钢板以下部分。在骨架精确调整就位后，对底座进行对称焊接。

(2)球铰

球铰是转体系统的核心，安装过程中须控制上球铰边缘各点的高差、中心转轴的垂直度。若上球铰的安装精度偏差过大，将直接影响转体段梁体最后的转体精度。

(3)滑道

滑道是在转体过程中撑脚的支撑部位。为保证转体时，撑脚在滑道上能顺利摩擦滑动，必须保证整个滑道的平整度。滑道的平整度不佳可能使转体过程中产生爬坡现象，大大增加牵引力并导致转体困难。

(4)撑脚与滑道间的间隙

撑脚与滑道两者之间的间隙过小或者直接接触，可能造成转体段高程偏差无法调整。

8.2.4 大节段箱梁整体浇筑施工技术

(1)箱梁施工分段调整

转体段箱梁长 127m，最大梁高 8m。箱梁采用分段满堂碗扣式支架现浇施工。箱梁采用 C55 混凝土，混凝土总方量约为 1640m^3(单个转体段)。考虑到混凝土收缩徐变的影响以及分段过多对预应力穿束造成的困难，且工期难以控制等不利因素，须对箱梁浇筑分段进行优化调整。

根据箱梁结构、预应力布置、混凝土浇筑方量等情况，将转体段箱梁分三段浇筑，分段长度为50m、27m、50m。

第一段浇筑0号段，浇筑长度为27m，浇筑总方量约为598m³。由于梁高较高，因此分两次浇筑，第一次浇筑至腹板与翼板交界处，第二次浇筑顶板；第二、第三段浇筑1号、1′号段，单段浇筑长度50m，单段浇筑方量约为521m³，如图8-13所示。

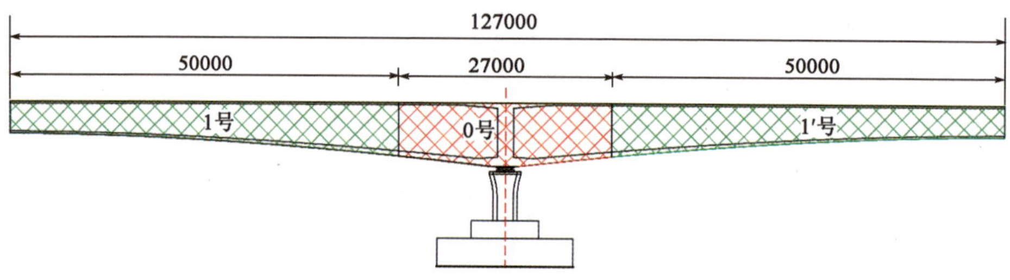

图8-13　箱梁施工分段示意图（尺寸单位：mm）

（2）支架搭设

采用碗扣式支架体系：腹板位置采用30cm×30cm×60cm（纵×横×高）布置结构；底板位置采用60cm×60cm×120cm支架布置形式，部分腹板倒角位置采用30cm×60cm×120cm支架布置形式；翼板位置采用90cm×60cm×120cm支架布置形式，如图8-14、图8-15所示。

由于整个支架体系长度达130m，宽度为12m，高度最高达到19m，因此须采取如下技术措施保证整个支架体系的稳定性：

离地20cm设置扫地杆，纵横向每3.6m设置剪刀撑，剪刀撑采用ϕ48mm×3.5mm钢管，角度不小于45°、不大于60°；竖向每两步设置水平剪刀撑，水平剪刀撑与腹板下立杆用扣件相连；支架两端的纵、横杆系与桥墩牢固连系。

本工程箱梁支架地基加固采用水泥搅拌桩加固，地基处理结构采用30cm厚碎石垫层、20cm厚C25素混凝土面层。经支架预压检验地基最大沉降为5mm。

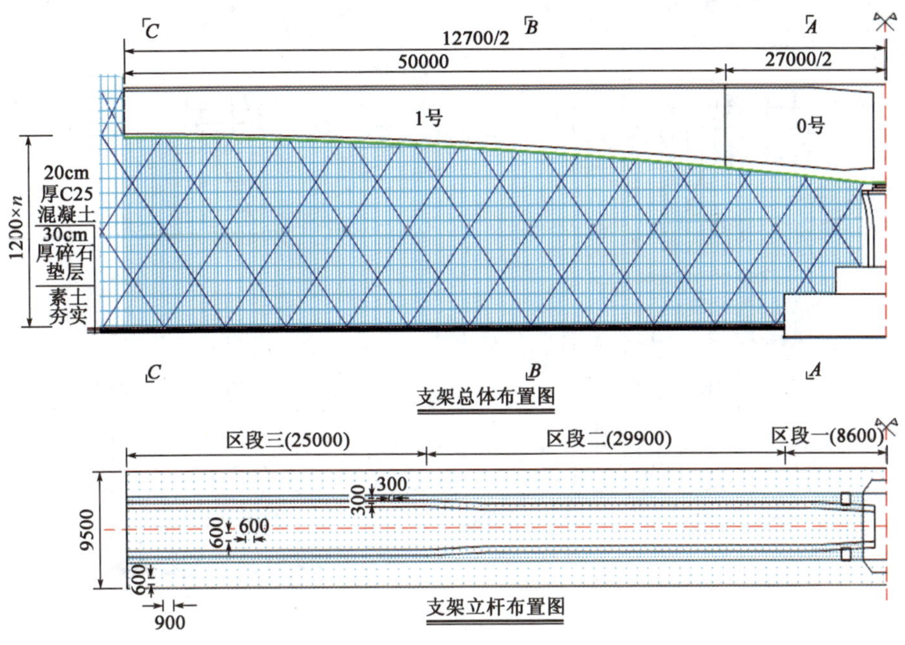

图 8-14 支架搭设布置图(尺寸单位:mm)

8.2.5 适应转体施工的临时固结技术

临时固结的作用有两点:一是抵抗箱梁悬臂状态下的不平衡力矩,二是抵抗转体时上承台与梁体间的惯性差。为了抵消箱梁悬臂状态下的不平衡力矩及转体时上承台与梁体间的惯性差,在中墩位置设置墩梁临时固结。临时固结由临时固结立柱、临时支座、墩梁固结预应力索三部分组成,如图 8-16 所示。

8.2.6 转体施工控制技术

1)转体牵引系统

牵引系统主要由连续牵引油缸、液压泵站、主控制器和传感器组成。液压泵站通过高压油管与连续牵引油缸连接,为转体施工提供动力;传感器将连续牵引油缸的行程和荷载数据反馈给主控制器,主控制器根据同步 PID 算法计算并发送控制指令给液压泵站,控制各种电磁阀和比例阀的动作,从而实现同步牵引。

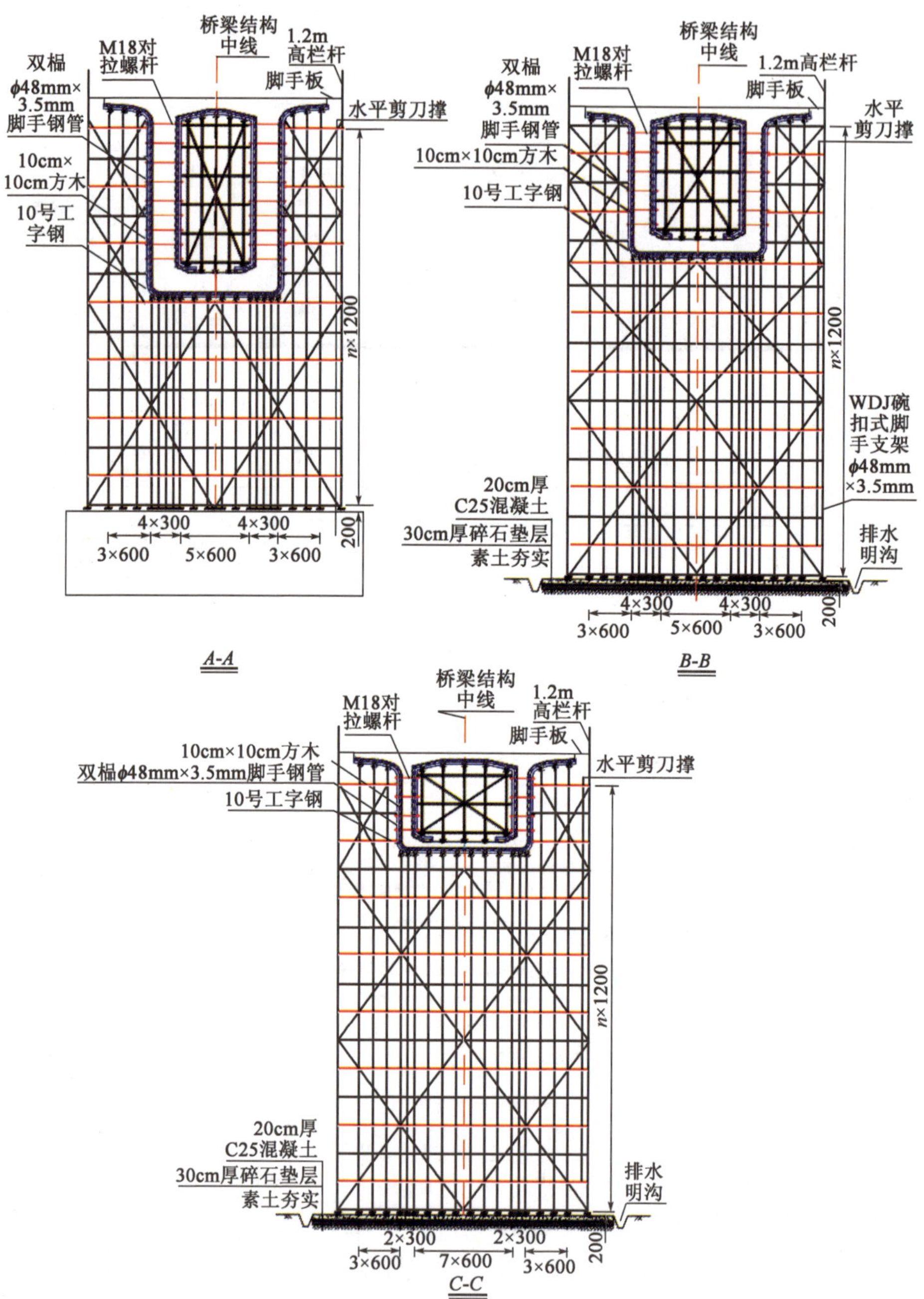

图 8-15 支架断面布置图(尺寸单位:mm)

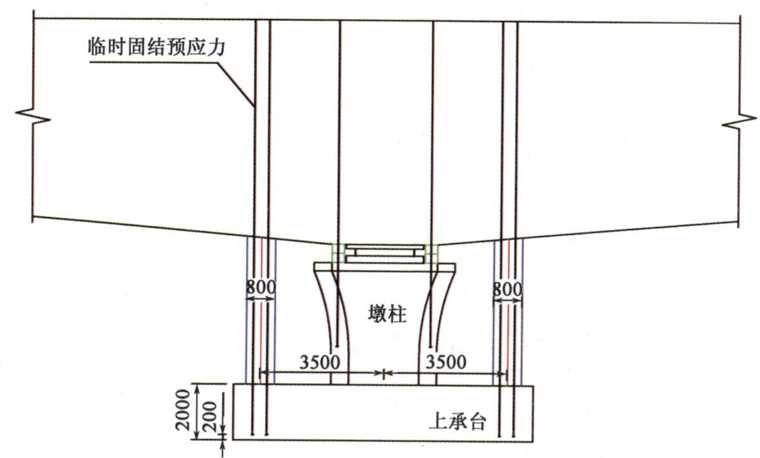

图 8-16 墩梁临时固结示意图(尺寸单位:mm)

(1)连续牵引油缸

连续牵引油缸 TX200LJ 如图 8-17 ~ 图 8-20 所示,其工作原理是利用上下两个锚具、上下两个主油缸的动作配合,实现无间断上升。工作步骤如下:

初始位置→上部锚具夹紧,下部锚具松开→上部主油缸伸缸,下部主油缸缩缸→上部油缸伸缸到位→下部锚具夹紧→上部锚具松开→下部主油缸伸缸,上部主油缸缩缸→下部主油缸伸缸到位→回到初始位置,继续下一个循环。

如此往复循环,即可实现连续上升。

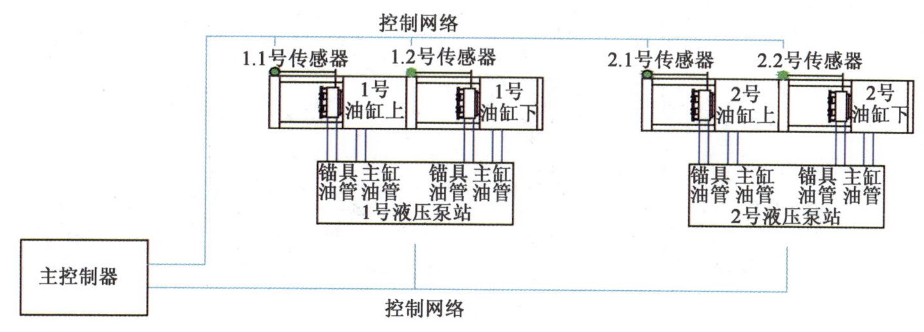

图 8-17 同步控制网络

下降的原理与上升的原理类似。

牵引油缸的密封件采用德国技术,能有效保证牵引油缸的密封性能,从而提高牵引油缸的工作可靠性;牵引油缸采用新型锚具结构,锚具的工作可靠性更高;牵引油缸采取模块化设计,可满足连续及间歇提升的需要;牵引油缸经过严格的制造质量控制,由专业厂家生产,生产过程严格按照ISO9000质量标准进行质量控制;牵引油缸经过严格的测试与试验,主要包括功能性试验和耐久性试验;在国外类似工程中,通过美国、德国试验标准检验。

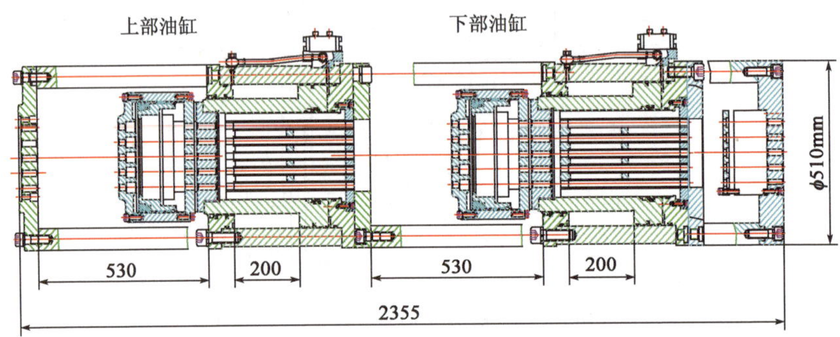

图8-18 TX200LJ 外形尺寸图(尺寸单位:mm)

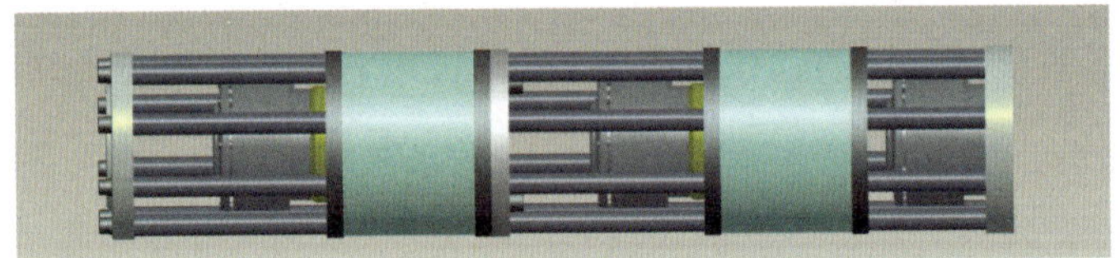

图8-19 TX200LJ 三维图

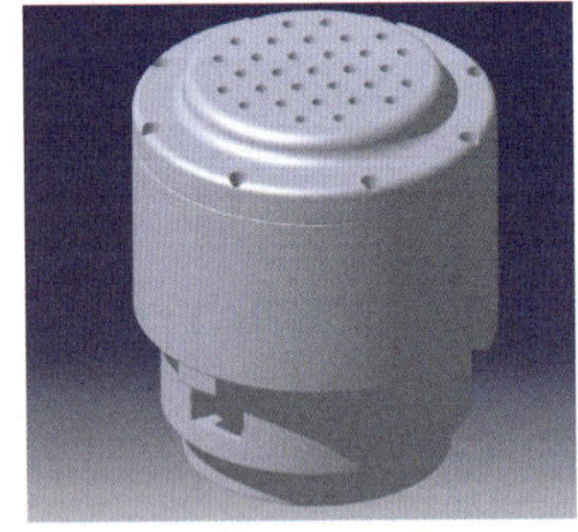
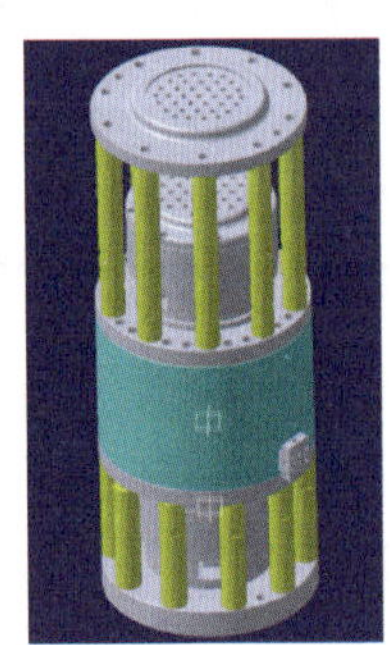

图8-20 油缸设计模型

(2)液压泵站

液压泵站主要特点如下:

①先进的电液比例控制技术。通过电液比例控制技术,实现液压提升中的

同步控制，控制精度高，如在苏通长江公路大桥南主塔墩钢吊箱整体下放工程中，应用电液比例控制技术，使各点之间的同步控制精度在±1mm内。

②荷载保护。在现有的液压系统中，专门设计了对每台油缸的荷载保护，使整体提升更加可靠安全。

③清晰的模块化设计。针对不同工程的使用要求，综合考虑液压系统的通用性、可靠性和自动化程度；在不同工程使用时，由于设备布置和使用要求不尽相同，为提高设备的通用性，泵站液压系统的设计采用模块化结构。

④双泵、双主回路和双比例阀系统。实现连续提升、连续下降和大流量驱动。

(3)控制器及传感器

①传感器技术。

a. 锚具状态传感器。检测牵引油缸的锚具状态(锚具"松"或锚具"紧")，通过现场总线将锚具状态信号传递给主控计算机。

b. 压力传感器。测量牵引油缸的工作压力，反映牵引油缸的提升或下降负载；采用的压力传感器测量精度为千分之五。

c. 油缸行程传感器。用于实时测量提升油缸在0～250mm内的行程，测量误差为0.25mm。

②控制器技术。

应用高级汽车技术中的CAN-BUS总线技术开发的现场实时网络控制系统(图8-21)。相比传统的集中控制系统，这种分散式的实时网络控制系统具有如下优点：

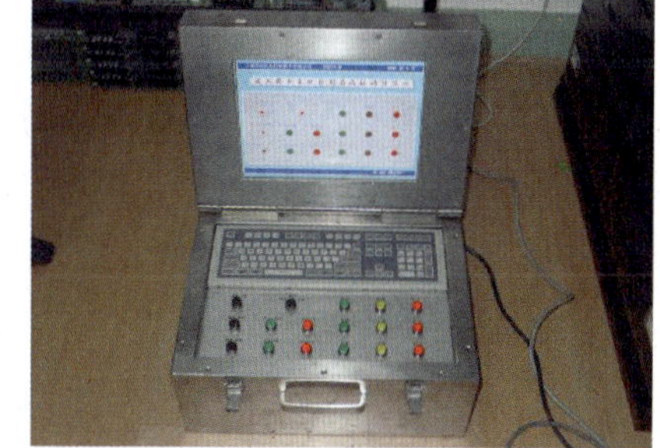

图8-21 主控制台

a. 系统简化，各点之间仅三根控制连线。

b. 控制点多，控制点数可达200个，控制距离可达数千米。

c. 实时性好，反应速度快。

d. 控制精度高，系统工作可靠。

牵引系统安装包括反力座设计及安装、牵引油缸安装、牵引钢绞线的安装，在安装成功后需确定牵引索力。在转体平转时，先后要克服球铰静摩阻扭矩和动摩阻扭矩。施工时,启动牵引油缸分级加载,直至梁体转动,将此时的压力设置为最大压力,进行转体施工。结构的微调同样采用分级加载的方式,逐步增加牵引油缸的压力,直至转体精确定位。

2)同步控制原理

根据转体施工要求,采用“位置同步,荷载跟踪”的控制策略,通过各个油缸的反馈行程数据,进行同步调节;在转体过程中,设定某一牵引点为主令点,其余点为跟随点;根据工程建设所需的转体速度设定主令点的比例阀电流恒定,进而使主令点液压泵站比例阀开度恒定,连续牵引油缸的伸缸速度恒定,主令点以一定的速度牵引;其余跟随点通过主控计算机分别根据该点同主令点的牵引位移来控制该点牵引速度,使该跟随点同主令点的位置跟随一致。

现场网络控制系统将各传感器的位移信号采集进主控计算机,主控计算机通过比较主令点同每个跟随点的位移得出跟随点同主令点的距离差。为保证牵引过程中位移同步,系统还设置了超差自动报警功能,一旦某跟随点同主令点同步距离差超过某一设定值,系统将自动报警停机,以便检查,并通过手动干预调节。

3)施工质量监督

经试转体之后,可进行正式转体,但在正式转体时要注意以下几点:

(1)结构检查确认无误。

(2)分级张拉牵引索直至设计值,使梁体开始转体。

(3)平转油缸使梁体按设计速度匀速转动,转体过程中应对梁体、塔柱进行实时观测,并根据观测数据反馈转体施工,及时调整施工参数。

(4)在正式转体过程中,泵站控制压力应稍大于转体压力(一般1MPa),控制采用自动方式运行。

(5)转体过程中,全程监控并记录控制信号,有异常情况应立即停止转动。

(6)根据测量,在距转体到位约1m处,平转油缸由连续作业变为点动操作,并按设计安装转体制动装置。

(7)转体到位后,锁定连续平转油缸下锚(机械锁定),完成油缸安全行程。

(8)转体过程中,需由专人疏导由平转油缸顶部不断伸长的钢绞线,一般每个点安排两人。

8.3 轨道交通安全保护区管理

在城市轨道交通规划阶段，过去经常发生因规划控制疏忽或周边城市建设施工等原因导致城市轨道交通红线被侵占，从而不得不对后期线路走向进行调整；在建设及运营阶段，因周边工程活动导致城市轨道交通结构受损，甚至引发列车停运的严重事件。

国内各相关城市也根据各自的实际情况出台相关管理办法和规范[13~15]，严格控制近距离各类作业对城市轨道交通设备、设施的影响，规范控制邻近城市轨道交通各类工程活动，强化对城市轨道交通设备、设施的保护。

8.3.1 基本定义

安全保护区是指轨道交通线路安全保护的范围，可分为安全保护区和特别保护区，在线网规划批准后即可设立。

(1)规划线路安全保护区的范围如下：

①以规划线路中线为基线，每侧宽度60m；

②规划有多条线路平行通过地段，经专项研究确定。

(2)在建和建成线路安全保护区的范围如下：

①地下车站和隧道结构外边线外侧50m内；

②地面车站、高架车站以及线路轨道结构外边线外侧30m内；

③出入口、通风亭、车辆段、控制中心、变电站、冷却塔等建(构)筑物结构外边线外侧10m内；

④轨道交通过江、河、湖隧道结构外边线外侧100m内。

(3)特别保护区的范围如下：

①地下工程(车站、隧道等)结构外边线外侧5m内；

②高架车站及高架线路工程结构水平投影外侧3m内；

③地面车站及地面线路路堤或路堑外边线外侧3m内；

④出入口、通风亭、车辆段、控制中心、变电站、冷却塔等外侧5m内；

⑤轨道交通过江、河、湖隧道结构外边线外侧50m内。

8.3.2 评估、监测工作要求[13~15]

1)规划方案评审阶段的安全性评估

在轨道交通安全保护区范围内进行项目建设的,需对规划方案进行风险评价,包括风险界定、辨识和估计,提出风险等级。评估单位应认真研究项目实际情况,结合项目本身与轨道交通结构位置关系,对拟规划项目对轨道安全影响进行科学评估。

(1)工程及水文地质条件评估

①依据基坑及轨道交通区域场地岩土工程勘察报告(详勘),评估各种不同地层的物理力学参数、地层性质,以及可能对基坑支护结构及轨道交通产生的不利影响;

②明确邻近轨道交通一侧存在的不良地质现象,评估其对轨道交通可能产生的危害;

③明确地下水的埋藏情况、类型、水位及其变化情况;

④可能影响工程稳定性的不良地质作用的描述及对工程危害程度的评价;

⑤场地稳定性和适宜性的评价等。

(2)周边环境影响评估

①建设项目与轨道空间关系,是否满足相关规定的要求;

②调查邻近轨道交通及建设工程的周边环境是否存在既有建筑物、地下室、地下构筑物、道路、地下各种类型的管线、桥梁、地表水体等,分析评估既有周边环境对轨道工程相互作用的影响,道路及施工动荷载对项目作用的影响评价;

③建设项目是否在轨道交通车站、区间高架、隧道周边实施加卸载,严禁实施大面积加卸载作业;

④建设项目建设过程中可能对周边环境造成影响,继而对轨道交通产生影响的可能性评价;

⑤其他项目建设过程中的环境影响因素对轨道安全的影响。

(3)方案安全评估结论及建议

①总体方案的可行性;

②不良地质的处理建议；

③地下水处理方案建议；

④依据对结构影响的预评估，给出基坑围护结构选型建议；

⑤基坑工程对周边环境的影响导致的连锁反应的可能性；

⑥设计阶段要重点关注的问题；

⑦其他相关建议措施。

2）施工图审查（即设计阶段）安全性评估

施工图审查应认真审查分析相关内容，对主要风险源进行辨识，对设计进行核算复查，主要审查内容包括：基坑支护方案；土方开挖方案；深基坑降水方案；桩基础施工方案；支撑结构拆撑方案；基坑监测方案；施工场地堆载、卸载影响；注浆、锚杆等施工；应急措施；针对轨道交通结构的保护性设计方案；其他可能对轨道影响的施工。

主要审查上述方案是否合理，对轨道交通保护性设计是否具有针对性，能否确保轨道交通结构的安全。评估应包括：分析风险源，估计风险等级，对风险危害性及其处置措施进行决策；建立外部作业-轨道结构相互作用的三维计算模型，结合本地区和其他类似条件的监护经验，定量评估外部作业对轨道结构的影响；通过数值仿真计算并结合地区经验，提出减少开挖（或堆载）对结构安全影响的安全保护方案，包括开挖或堆载的方案、轨道保护的方案等。

（1）主要风险源分析

从全局出发，结合轨道交通的具体要求、场地地质、周边环境条件，采用当前的支护设计方案，对可能出现的主要风险源进行分析，审查所采取措施的合理性，提出设计及施工建议并建立风险库及相应的应对措施。

（2）设计计算审查复核

主要审查复核计算模型、参数选取、计算结果等是否合理，桩长、配筋是否可以满足要求，止水帷幕深度是否合理，设计安全储备是否足够等。

（3）基坑工程与轨道工程相互作用影响预测

根据设计文件，建立基坑工程与轨道工程相互作用的数值模型，分析基坑工程开挖施工过程中支护结构的受力及变形，以及其过程对轨道工程的变形影响，并在施工过程中与监测结果相对比分析，动态优化数值模型，以指导施工，把对轨道工程的影响降到最低。

(4)支护结构选型的评估建议

支护结构选型应综合考虑基坑的深度、土的性状及地下水条件，基坑周边环境对基坑变形的承受能力及支护结构失效的后果，主体地下结构和基础形式及其施工方法、基坑平面尺寸和形状、支护结构施工工艺的可行性，施工场地条件和施工季节、经济指标、环保性能和施工工期，以及轨道交通对基坑工程施工变形的要求等因素。在初步方案的选型评估中，应重点分析以下内容：

①多种方案比选，评估各种方案的优缺点，预测各种方案可能对轨道造成的影响。如支护方案，宜优先采用对变形控制比较有利的支护形式。

②结构选型是否能够满足轨道交通保护的相关规定及轨道交通结构变形要求。

③初步设计方案对不良地质现象、软弱土层的支护设计措施评估。

④支护结构选型对周边环境的影响评估。

⑤对于管线、构筑物、其他设施需跨越或横穿城市轨道交通设施的，需评估与城市轨道交通工程设施的安全净距离。

⑥初步降水方案评估。

(5)设计安全评估结论及建议

①设计方案是否可行。

②设计计算是否正确。

③引起的轨道结构内力和变形是否在允许的范围内。

④针对轨道交通的保护措施是否合理有效等。

⑤施工中需要注意的问题。

3)施工方案及监测方案安全性评估

施工阶段，监护单位应对施工单位的施工作业方案出具安全评估报告，结合理论计算和地区监护经验，从轨道结构安全出发，提出结构安全的监测控制指标及其限值；根据开挖(或堆载)施工的风险等级和轨道结构安全监控限值，提出不同风险等级条件下，开挖(或堆载)施工对应的地层变形控制限值，并制定安全监护方案。

通过监护工作，要达到以下目的：

及时发现不稳定因素；验证设计，指导施工；保障轨道安全及相关社会利益；

分析区域性施工特征。

(1)监测内容及要求

监测范围:为受项目建设影响的轨道区域,为确保安全,监测范围应适当外延,一般延伸范围考虑4~6倍的基坑深度。

监测项目:包括墩柱沉降与差异沉降、水平位移,裂缝观测与巡视,垂直度观测,地下水位观测,轨道道床等结构观测等。

监测周期:从桩基施工开始至主体施工结束后半年或塔吊、防护网拆除。特殊项目如有要求,按要求实施。

监测频率:邻近高架区间及地上车站的施工活动监测频率参照表8-1的要求执行,邻近轨道隧道区间及地下车站的施工活动,其观测频率不宜低于表8-1的要求,相关控制限值参考表8-2。

监护测量频率要求 表8-1

序号	监测对象	监测项目	监测范围	监测频率					
				围护结构和桩基施工期	基坑降水、开挖至底板完成施工期	地下室主体施工施工期	主体施工		跟踪期
				—	—	—	前1/2楼层高度	后1/2楼层高度	至塔吊、防护网拆除结束
1	所有测项	初始值取定	—	2次					
2	基准网	沉降、水平基准网	—	1次/月			1次/3月		
3	轨道结构	沉降	所有监测点	1次/d		2次/周	1次/周	1次/2周	1次/月
4		垂直度	所有监测点	1次/d		2次/周	1次/周	1次/2周	1次/月
5		水平位移	所有监测点	1次/d		2次/周	1次/周	1次/2周	1次/月
6		轨道几何变形	所有监测点	2次/周		2次/周	1次/周	1次/2周	1次/月

续上表

序号	监测对象	监测项目	监测范围	监测频率					
				围护结构和桩基施工期	基坑降水、开挖至底板完成施工期	地下室主体施工施工期	主体施工		跟踪期
				—	—	—	前1/2楼层高度	后1/2楼层高度	至塔吊、防护网拆除结束
7	轨道及项目基坑	裂缝观测及巡视		每次观测时进行巡视和观测					
8	项目基坑	地下水位	所有监测点	—	1次/d		—	—	—

注:1. 监测频率,依据实际监测反应情况,可及时调整监测频率。

2. 监测前两阶段,出具日报、周报及月报,地下室及主体结构施工期出具周报及月报,跟踪期出具月报。

监护测量控制要求 表8-2

序号	监测对象	监测项目	报警级别		
			警戒	预警	报警
1	桥墩立柱	沉降变形(承台)	±5.0mm 或≥2mm/d	±8.0mm 且≥2mm/d	±10.0mm
2		水平变形(承台)	±3.0mm 或≥2mm/d	±4.0mm 且≥2mm/d	±5.0mm
3		垂直度	不大于0.3‰	不大于0.5‰	不大于1.0‰
4	轨道 (正线、站线)	轨距	+7mm 或-4mm	+8mm 或-4mm	+9mm 或-4mm
5		水平、高低、轨向	6mm	8mm	10mm
6		三角坑	5mm	6mm	7mm
7	轨道 (道岔区)	轨距	+5mm 或-3mm	+5mm 或-3mm	+6mm 或-3mm
8		水平、高低、轨向(直线)、三角坑	6mm	7mm	9mm
9		轨向(支距)	3mm	3mm	4mm
10	项目基坑	地下水位	±250.0mm 且≥200mm/d	±400.0mm 且≥250mm/d	±500mm 且≥300mm/d

注:第三方监测的实际变形值达到最大变形控制值的50%时,应通知地铁有关部门、建设单位;当达到80%时,应发出预警;当达到最大变形控制值时,需发出报警。

(2)监测报到制度

项目开工前,地铁有关部门召开报到会议,监护单位提供完善的监护工作方案(包含测点布置图、配备仪器清单和人员名单等),进行技术交底。

(3)监测成果

监测成果整理,通过对每次测量成果进行比较、分析,并根据变形监测的警戒值来判断监测对象是否发生了变形或变化,并分析发生变化的原因,对变形变化趋势进行预测、预报等。

监测成果主要包含以下内容:

①监测情况总说明及安全分析报告等;

②沉降监测、水平位移监测、水位观测、倾斜监测成果图表、裂缝观测成果等;

③现场巡查情况及有无安全风险记录等。

(4)日常监护的反馈

①监护信息反馈。

监护测量工作中的相关函件以及日常监护工作中的资料等应分类装订统一管理,电子文档由计算机备份,以防丢失。提交的监测成果资料应统一格式,每页经过项目负责人签字盖章确认后才能发出,并进行签收登记。整个监护测量项目结束,两周内提交技术总结报告。建立周报、月报制度,每周及每月对数据进行汇总分析,对变形变化趋势进行预测预报,对当前的施工及既有监测对象状态进行评价和提出建议。

为确保监测成果的质量,加快信息反馈速度,每次监测必须有监测成果,并及时进行监测成果的分析,及时提交监测成果报告(一式三份,一份交地铁有关部门,一份本地规建局,一份交建设单位),发现超出警戒值的情况,及时电话通知有关单位,召开研讨会议,及时分析处理,确保轨道安全。地铁有关部门定期召开工作例会,讨论并研究解决相关问题。

②工程现场安全保证措施。

严格按通过审核的实施方案执行,主动配合地铁有关部门在施工过程中做好各方面的协调工作,及时做好各类质量信息的收集、汇总、分析和反馈。

a. 作业前,监护项目负责人根据项目具体情况配备足够的监护小组人员及测量仪器,责任到人。

b. 监护项目技术负责人组织监护人员进行技术交底,学习相关规范、技术规程规范以及作业指导书,在项目负责人带领下开展监测工作。

c. 监护工作所需的全部仪器必须按规定进行定期检定、校验和检验。

及时向地铁有关部门、项目建设单位等相关单位,提供真实可靠的监测数据。

(5)施工动态风险评估与预报警

结合现场监测、巡视以及动态数值计算和反演等手段,对开挖(或堆载)施工引起的轨道结构安全问题进行动态风险评估及预报警,提出减轻风险发生的控制措施,并就项目桩基施工、基坑开挖、主体施工等阶段提供阶段性安全评估报告。

4)建设项目对轨道交通的安全影响评定

(1)轨道交通列车运行安全评价

对轨道结构变形发生报警的区段,监护单位应结合列车-轨道-轨下基础结构-地基耦合系统仿真模型,分析列车运行过程中车体振动加速度、轮重减载率、脱轨系数等参数,评价列车运行安全性,为轨道结构养护维修以及外部作业的变形控制等提供基础,并定期出具列车运行安全阶段性评估报告,作为政府主管部门实施列车安全运行管理的依据。

(2)建筑物长期荷载对轨道结构安全影响评估

结合理论分析、数值仿真计算和地区经验等,评估建筑物使用过程中长期荷载对轨道结构的安全影响,提出保护轨道结构长期安全的控制措施。

8.4 轨道交通高架结构服役状态分析

8.4.1 高架结构常见病害

高架桥梁结构的基础沉降一直是岩土工程领域的研究热点问题,上海轨道交通 11 号线江苏段工程对运营期地铁结构长期沉降机理进行了系统分析,对高架桥梁现有结构病害状况进行整理,发现病害主要包括:承重梁结构部分渗漏水、梁体伸缩缝间渗漏水、支座锈蚀与挡块劣损及河道桥墩混凝土掉块等。

(1)上部结构病害

轨道高架桥梁上部结构外观检测发现,结构病害主要表现为渗漏水,发生部位存在于箱梁腹板、箱梁与墩顶横梁结合处及梁体伸缩缝部位,如图 8-22所示。

a)箱梁腹板处渗漏水

b)箱梁与墩顶横梁结合处及梁体伸缩缝部位

图 8-22 轨道高架桥梁上部结构渗漏水示意图

实地调查结果显示,部分箱梁翼缘及横梁边缘存在混凝土掉角、支座锈蚀导致墩身污染以及支座处挡块劣损破坏等病害现象,如图 8-23 所示。

(2)下部结构病害

轨道高架桥梁下部结构外观检测结果显示,存在部分混凝土磨损与掉角,具体如图 8-24 所示。研究表明,桩身荷载与压缩量有较明显的时间效应[17],因此对于下部桥墩的病害需要保持长期关注。

a)箱梁翼缘混凝土掉角

b)支座处挡块破坏

c)支座锈蚀，墩身污染

d)横梁边缘掉块

e)箱梁底部脏污

图 8-23　轨道高架桥梁上部结构混凝土掉角及支座病害示意图

8.4.2　高架结构不均匀沉降特征

基于上海轨道交通 11 号线江苏段工程高架线面临的长期沉降问题，分析了建设期与运营后两年的沉降观测数据，研究了沉降特征；综合地铁沿线邻近施工活动情况（图 8-25），分析了地铁高架结构产生不均匀沉降的原因，可为类似工程提供参考。

a)桥墩侧面混凝土掉块

b)桥墩侧面锈蚀露筋

c)桥墩河道部分侧面混凝土掉块

d)桥墩河道饰面混凝土掉块

图 8-24 轨道高架桥梁下部结构混凝土磨损与掉角及部分露筋示意图

上海轨道交通 11 号线江苏段工程开工建设后,沿线地块便开始了较为密集的高层建筑开发活动。工程建设期的结构变形监测于 2011 年 9 月开始,全线运营期沉降监测于 2013 年 8 月开始,每季度观测一次。

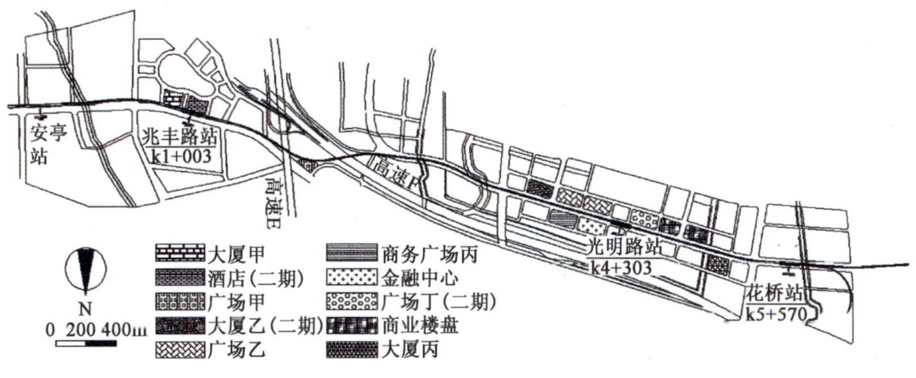

图 8-25 轨道交通线路及沿线环境情况

(1)沉降监测方案

高程系统采用国家1985高程系,沉降测量工作基准点采用经与基岩点联测的沿线深埋水准点,分别设置在车站旁。

施工期与运营期桥墩沉降测点布置原则基本相同:①单立柱每柱设两个监测点,呈对角设置;双立柱在两立柱内侧对称位置处分别设置一个沉降点。②车站按上下行线在线路中心每隔5m(施工期为10m)布设一个监测点。

运营期梁体上的沉降测点布置方案如图8-26～图8-28所示:简支梁在每跨梁上分上、下行线等距设5个监测点(两端各一点,中间均匀布设三点);连续梁除在每跨上分上、下行线两端各设一点外,中间呈跨中对称按5m设置一个监测点。监测点一般埋设于每根轨枕中心位置,并按上、下行线分别进行编号。

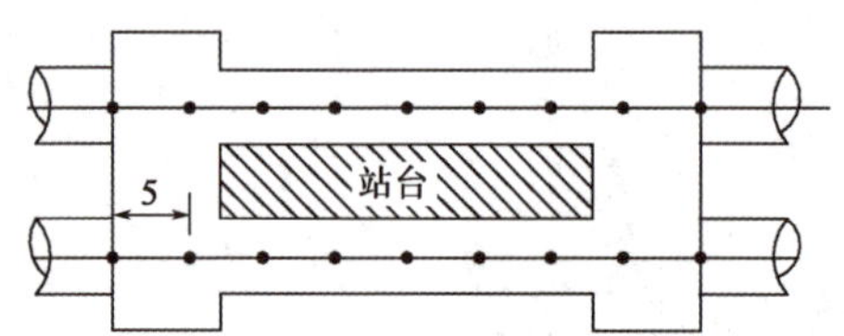

图8-26 道床测点布置(尺寸单位:m)

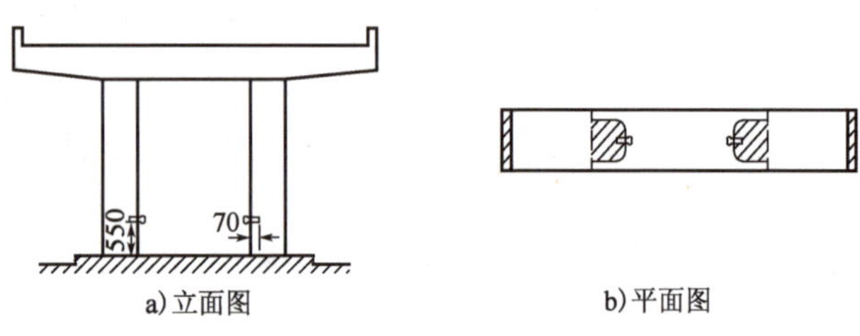

图8-27 双立柱测点布置(尺寸单位:mm)

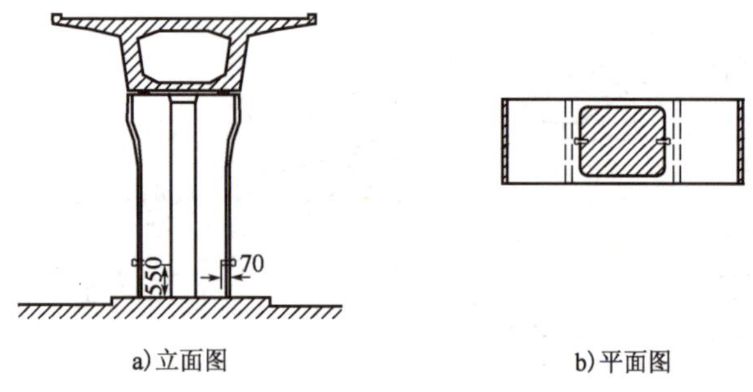

图8-28 单立柱测点布置(尺寸单位:mm)

外业测量时，沿线路分别在道床和地面立柱布设两条平行的二等水准线路；在各个车站站厅中间布设一个水准结点，道床水准路线附合于水准结点；地面水准路线每隔约20根立柱则在相应立柱上布设一个水准结点，与相邻车站的深埋水准点联测，每座车站站厅水准结点分别与地面水准点联测，构成空间上的水准环。

(2)运营期桥墩沉降特征

全线从2013年8月至2015年11月每季度观测一次，图8-29为两个时间段桥墩的累计沉降曲线，沉降值取与2013年8月运营初期监测的相对值，正值表示隆起，负值表示沉降。图中自东向西为安亭站至花桥站，且以兆丰路站与光明路站之间里程K2+700处为界，将全线分为东西两部分。监测结果显示，至2015年11月，线路向安亭站方向(东部)桥墩累计沉降值相对变化值较小，最大累计沉降值为7mm，发生在安亭站与兆丰路站间近兆丰路站附近，而由分界线往东至兆丰路站部分桥墩累计沉降量均小于5mm，有部分存在少量隆起现象(为线路周边施工挤土桩引起)。由分界线往西至花桥站部分，可以看出结构在不断下沉。整体上看，线路东侧除兆丰路站东侧附近沉降较大外，其余部分累计沉降均小于5mm，线路西侧沉降较为显著，累计沉降接近10mm，呈现“东稳西沉”的格局。

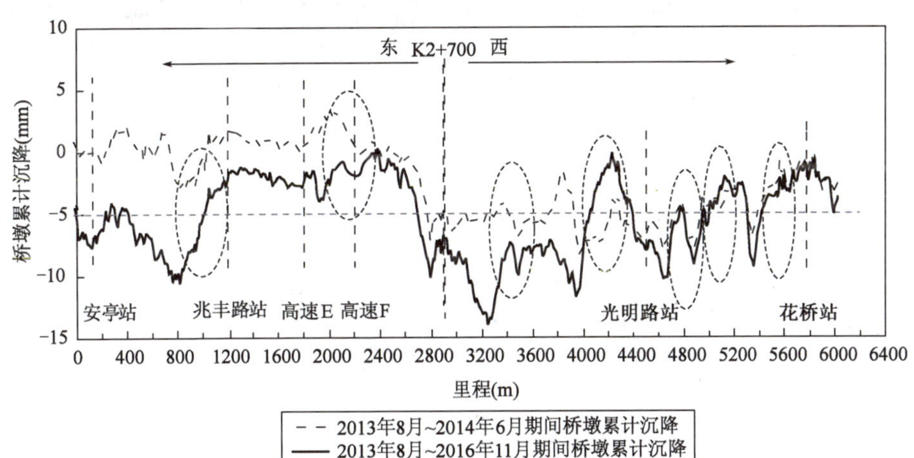

图8-29 运营期桥墩累计沉降槽曲线

统计相邻桥墩的差异沉降结果，发现大部分桥墩差异沉降均在2mm范围内，但随着时间的增长，相邻桥墩差异沉降量存在增大趋势，至2015年11月，全线相邻桥墩差异沉降最大值接近4.5mm，但仍满足《地铁设计规范》(GB 50157—2013)[18]对无砟轨道桥梁相邻桥墩差异沉降不应超过10mm的限值要求。

图 8-30 为计算得到的桥墩沉降速率散点图。《建筑变形测量规范》(JGJ 8—2016)7.1.5 条规定[19]:建筑沉降达到稳定状态可由沉降量与时间关系曲线判定。当最后 100d 的最大沉降速率小于 0.01 ~0.04mm/d,可认为已达到稳定状态。参考上述标准,限定本线路接近稳定时半年容许沉降量为 2mm 且沉降速率为 0.01mm/d。在图 8-30 中取沉降速率为 ±0.01mm/d 的阈值线,其中灰色部分区域表示沉降稳定区域,其余部分则表示沉降不稳定。至 2015 年 11 月,可以看出全线桥墩沉降速率大部分不在该灰色区域,2015 年 3 ~7 月间,西侧区域沉降速率在灰色区域上方,表示隆起;而至 2015 年 11 月,东侧安亭站与兆丰路站区域及高速 F 与花桥站区域沉降速率点大部分都位于灰色区域下方,最大接近 0.04mm/d,这说明桥墩沉降仍未稳定,且有继续发展的趋势。

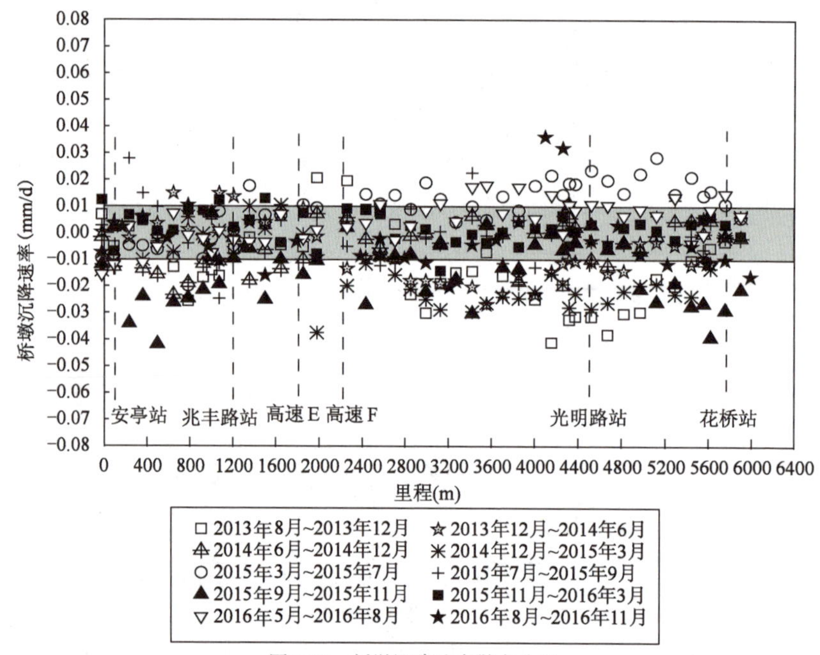

图 8-30　桥墩沉降速率散点分布

(3)运营期沉降与建设期沉降的规律对比

为对比地铁高架线路在建设期沉降与运营期沉降的不同规律,掌握运营期沉降在全过程变形中所占比例,分别选取典型车站、区间桥墩变形数据开展分析。选取光明路、花桥两个车站的桥墩变形数据,由于重点在于分析工程全过程桥墩总体变形趋势,故选取沉降最大和最小的变形曲线,如图 8-31、图 8-32 所示。另外,选取区间桥墩沉降较大的测点变形曲线和沉降较小的测点变形曲线,分析区间桥墩沉降在建设期与运营期的不同发展规律,以及工程全过程的变形趋势,如图 8-33、图 8-34 所示。表 8-3 列出了相应的对比数值。图 8-33 和图 8-34中的 6 位编码表示桥墩测点位置,前三位数字代表区间,233 为兆丰路—光明路站,234 为光明路—花桥站,S、X 分别代表上/下行线测点,后面的两位数字是区间内的桥墩编号。

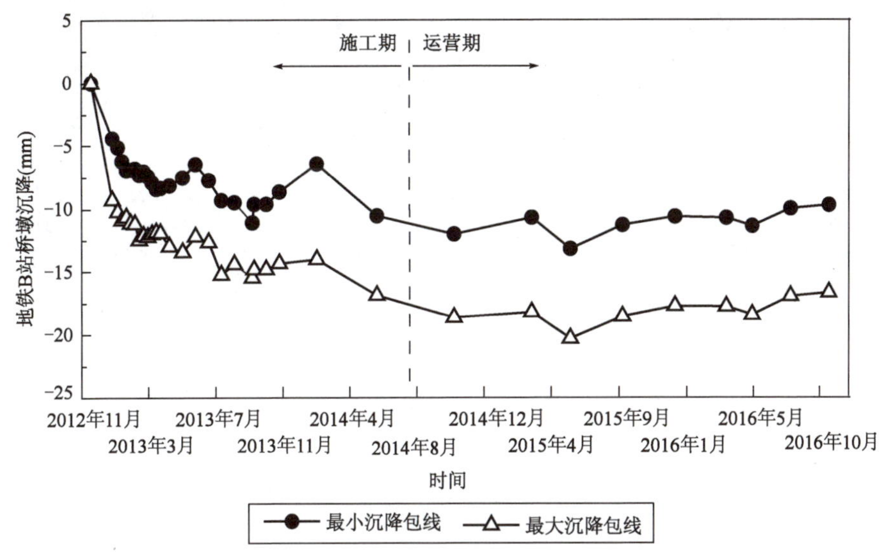

图 8-31 地铁光明路站全过程累计沉降极值包络线

由图 8-31、图 8-32 可知,对于车站桥墩沉降而言,建设期发展较快,而运营期开始后沉降趋于收敛;从表 8-3 可以看出,车站建设期沉降平均值占总沉降值的比例为 70% ~93%,说明车站桥墩的沉降以建设期为主。

建设期与运营期桥墩累计沉降 表 8-3

项 目	光 明 路 站			花 桥 站			光明路—花桥站区间		
	最大值	平均值	最小值	最大值	平均值	最小值	最大值	平均值	最小值
建设期沉降(mm)	-14.0	-9.8	-6.4	-17.5	-14.0	-9.3	-14.2	-5.6	此处为隆起值
建设期+运营期累计沉降(mm)	-16.6	-12.39	-9.7	-19.5	-17.0	-12.7	-23.9	-10.6	-0.1
建设期沉降百分比(%)	90	79	65	93	82	73	59	53	不存在

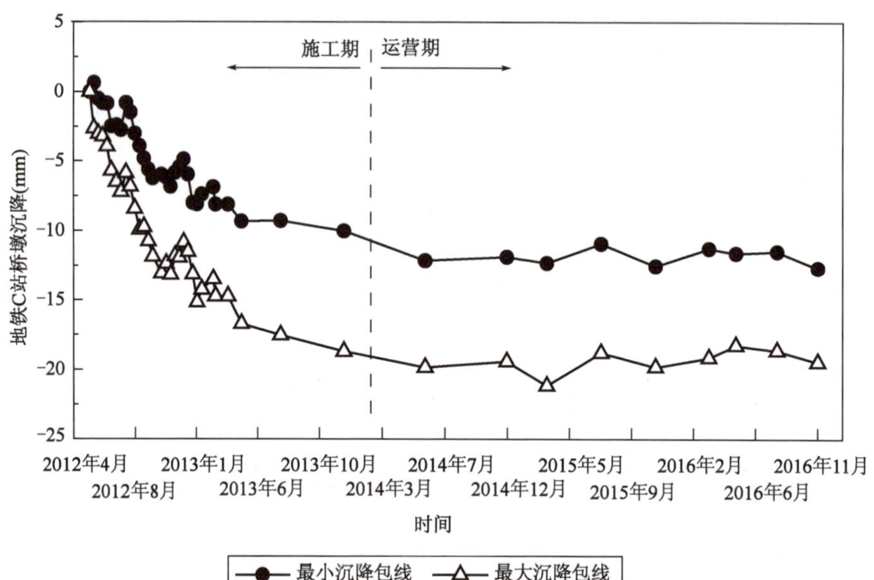

图 8-32　地铁花桥站全过程累计沉降极值包络线

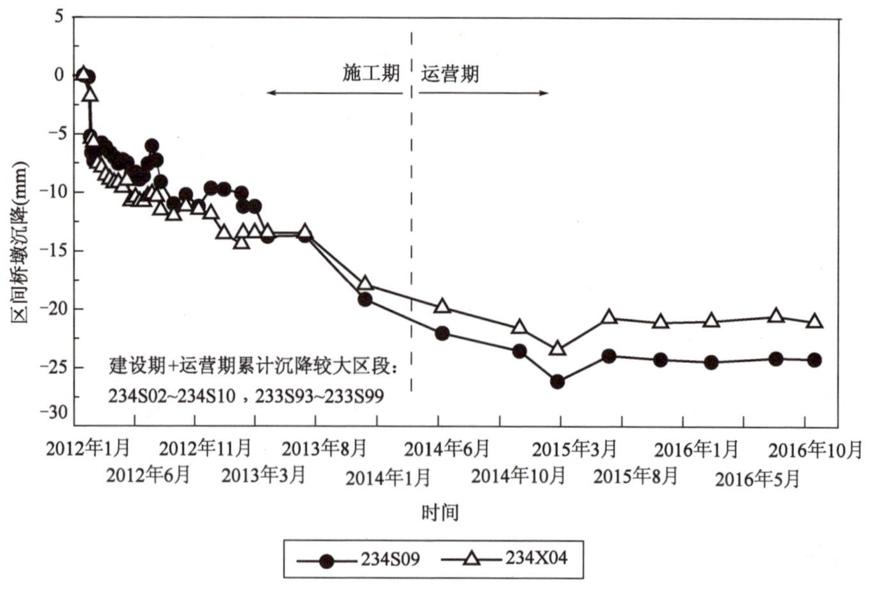

图 8-33　区间内全过程沉降较大桥墩的历时曲线

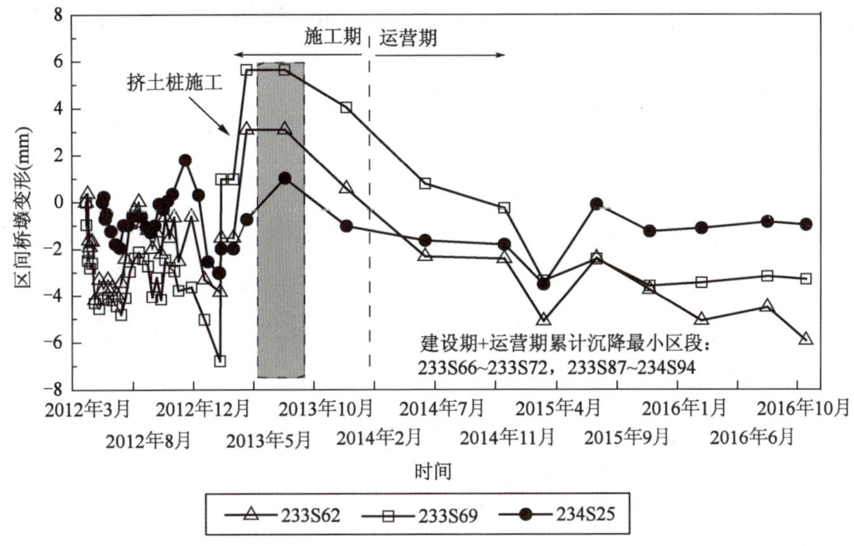

图 8-34　区间内全过程变形较小桥墩的历时曲线

对于区间高架桥墩累计沉降较大的情况，以图 8-33 为例，由于受广场 E、G 修建的影响，桥墩持续发生沉降，最大值达 23.9mm，此时建设期沉降仅占桥墩累计总沉降的 59%。对于区间高架桥墩累计沉降较小的情况，以图 8-34 为例，由于受周边挤土桩施工影响使桥墩产生约 10mm 隆起（图 8-34 中虚线框灰色区域），而后桥墩逐渐沉降，但相对起始位置沉降值较小；而对于区间高架桥墩沉降的平均值而言，建设期沉降仅占桥墩累计总沉降的 53%。

可见，区间高架桥墩在运营后期的沉降相对总累计沉降而言，仍然占比不少。此外，区间高架桥墩的最大沉降，无论在运营期还是在工程全过程，均大于车站桥墩的相应沉降值。

（4）小结

①对高架线路运营两年的长期沉降观测数据进行了统计分析，线路运营过程中桥墩累计沉降最大达到 12.4mm，从沉降速率判断桥墩沉降仍未稳定；全线共形成 6 个明显的沉降槽。

②对于高架线路车站，其桥墩的沉降以建设期为主，建设期沉降平均值占全过程总沉降值的比例为 70% ~93%；而对于高架区间桥墩，建设期沉降占全过程总沉降的比例最大仅约为 59%。

8.4.3 邻近开挖对高架结构基础变形的影响区划分

(1)开挖与高架结构基础变形的定性关系

对于周边工程对高架结构影响问题,文献[20]~[26]详细探讨了不同种类工程活动对结构安全性的影响规律,文献[27]、[28]则对邻近基坑工程的动态风险进行了研究。结合图8-25的沿线近距离建筑工程分布,表8-4给出了各个建筑工程的基本情况。可以看出:沿线基坑工程分布密集,基坑与地铁线路的投影线距离为16~40m,位于线路的安全控制保护区内;沿线基坑开挖面积大、深度深,多数保护等级为一级。

沿线周边建筑开发情况　　表8-4

项　目	状　态	最大开挖深度(m)	与线路最小间距(m)	沿线路长度(m)	基坑宽度(m)	基坑面积(m^2)
大厦甲	已建	5.8	30	143	76	10747
酒店(二期)	已建	6.8	16	72	135	10412
广场甲	在建	7.35	41	116	190	10425
大厦乙(二期)	未建	6	30	176	87	13947
广场乙	东侧楼群已建	10.4	31.5	69	154	10626
商务广场	已建	6	28	172	63	10900
金融中心	未建					9584
广场丙(二期)	已建	18.8	24.5			9271

结合图8-29桥墩累计沉降槽曲线可以看出:全线共6处沉降槽,其中5处位于线路西侧,1处位于兆丰路站东侧;椭圆形标注部分(存在施工活动)与线路沉降槽的分布基本吻合,且沉降槽的宽度与邻近基坑宽度近似,这说明地铁高架沿线邻近施工是引起桥墩沉降的重要影响因素。监测数据表明,单个基坑开挖引起桥墩附加沉降的最大值约为5mm。由于在地铁线路分界线以西,多个基坑成"串珠"状分布于地铁沿线两侧,西侧地区工程活动较东侧更为活跃,这也是造成桥墩沉降整体呈现"东稳西沉"这一格局的重要原因[29]。

为此,通过有限元方法,分析基坑开挖对邻近桩基的变形影响,并建立近接高架结构桩基开挖的变形影响分区。

(2)分区标准

对于桥梁桩基变形,《地铁设计规范》(GB 50157—2013)规定相邻桥墩墩台差异沉降不超过20mm,王明年等[30]选取沉降值20mm作为单墩沉降允许位移限值,并根据桥梁桩基变形标准将影响区划分为强影响区、弱影响区、无影响区。对于桩基水平位移,《桩基工程手册》[31]将桩顶的横向位移允许值取为10mm,因此选取10mm作为近接桥梁桩基顶部水平变形允许位移值,故本书分别选取20mm和10mm作为单墩允许沉降和水平位移极限值。

《城市轨道交通结构安全保护技术规范》(CJJ/T 202—2013)[32]将监测项目实测值与结构安全控制指标值之比 G 作为轨道交通结构安全控制指标。当 $G \geqslant 1.0$时,应启动安全应急预案;当 $0.6 \leqslant G < 1.0$ 时,应进行监测报警并制定相应安全保护措施;当 $G < 0.6$ 时,可正常进行外部作业。因此,为有效预估邻近开挖引起的桩基变形,在参考周边省市相关标准的基础上[33],特将桩基水平变形及竖向沉降允许值的60%作为桩基监测警戒值,建立桩基变形影响分区控制标准,见表8-5。

基坑近接桥梁桩基施工影响分区划分标准　　表8-5

控制标准	允许值(mm)	警戒值(mm)
桥梁桩基沉降	20	12
桥梁桩基水平移	10	6

(3)计算方案和模型

对于基坑开挖过程对高架桥墩变形影响问题,国内外多位学者对其进行了分析[34~36],深入阐述了基坑变形与邻近建筑设施的量化映射关系。本次计算在上述研究基础上,主要选取基坑边缘与桩基中心线的水平距离 e 和桩底与基坑底的相对竖向距离 h 作为参数变量(图8-35),以探究不同条件下基坑开挖引起桩基变形的影响区。特规定桩底在基坑底平面之上时 h 为正值,在基坑底平面之下时 h 为负值。

通过改变两个位置参数以讨论不同桩长和相对位置时桩基的变形规律。具体取值方案如下:

①选取9种基坑边缘与桩基中心线的水平距离 e:$0.1H$、$0.2H$、$0.4H$、$0.6H$、$1.0H$、$1.2H$、$1.4H$、$1.6H$、$2.0H$。

②选取5种桩底与基坑底的相对竖向距离 h:$0.5H$、$0.2H$、0、$-0.2H$、

$-0.5H$,其中 H 为基坑开挖深度。共形成45组参数组合,对每种参数组合建立相应有限元模型,对桩基变形进行计算。

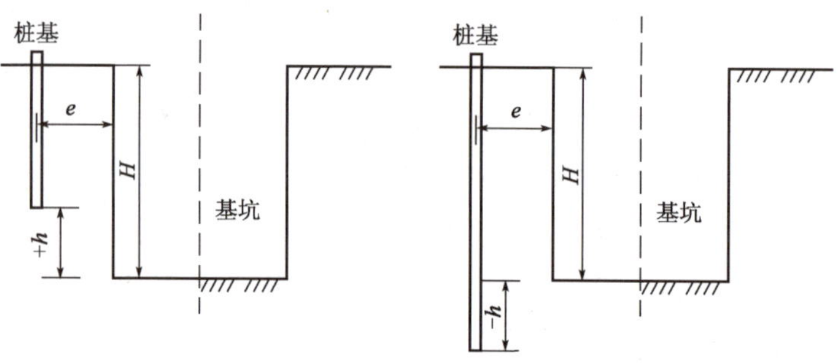

图 8-35　基坑与桥梁桩基位置关系示意图

对地铁沿线基坑工程开挖规模进行统计,发现地下二层及三层基坑最为常见。为结合现场进行案例分析,结合常规地下两层至三层地下室基坑工程拟定典型尺寸及围护结构形式。基坑开挖深度为13.75m,开挖宽度为88.8m。

基坑围护结构为地下连续墙,厚度为0.8m。坑内设两道支撑,第一道钢筋混凝土支撑距离基坑顶部2.65m,第二道钢筋混凝土支撑距离基坑顶部7.7m。基坑开挖分三层开挖,其中第一层开挖3.15m,第二层开挖5.05m,第三层开挖5.55m,各阶段开挖均考虑降水影响。结合基坑工程中土体变形特性相关研究成果,采用HS-Small模型参数模拟[37~39],力学参数见表8-6,数值计算模型的几何示意图如图8-36所示。

土体小应变参数(1)　　表8-6a)

土层编号	土 层 名 称	厚度(m)	重度(kN/m^3)	c'(kPa)	φ'(°)	K_0	m
②$_3$	黏质粉土	1.1	18.7	19	28	0.477	0.8
③	淤泥质粉质黏土	4.4	17.7	11	30	0.45	1
④$_1$	粉质黏土	5.6	19.5	28	36	0.371	0.6
④$_3$	砂质粉土	9.9	18.7	7	34	0.397	0.6
⑤$_3$	粉质黏土夹砂质黏土	12.1	17.9	16	34	0.397	0.8
⑧$_{1\text{-}2}$	粉质黏土夹粉土	31	18.4	18	34.5	0.390	0.7
⑧$_{2\text{-}2}$	灰色粉质黏土与砂质粉土互层	6.2	18.7	19	34	0.397	0.65

土体小应变参数(2)　　表 8-6b)

土层编号	土 层 名 称	E_{oed}^{ref} (MPa)	E_{50}^{ref} (MPa)	E_{ur}^{ref} (MPa)	G_0^{ref} (MPa)	$\gamma_{0.7}$
②$_3$	黏质粉土	4.40	5.28	30.80	123.20	0.0002
③	淤泥质粉质黏土	2.52	3.02	17.64	70.56	0.0002
④$_1$	粉质黏土	8.04	9.65	56.28	225.12	0.0002
④$_3$	砂质粉土	8.60	10.32	60.20	240.8	0.0002
⑤$_3$	粉质黏土夹砂质黏土	4.68	5.62	32.76	131.04	0.0002
⑧$_{1\text{-}2}$	粉质黏土夹粉土	5.99	7.19	41.93	167.72	0.0002
⑧$_{2\text{-}2}$	灰色粉质黏土与砂质粉土互层	6.94	8.33	48.58	194.32	0.0002

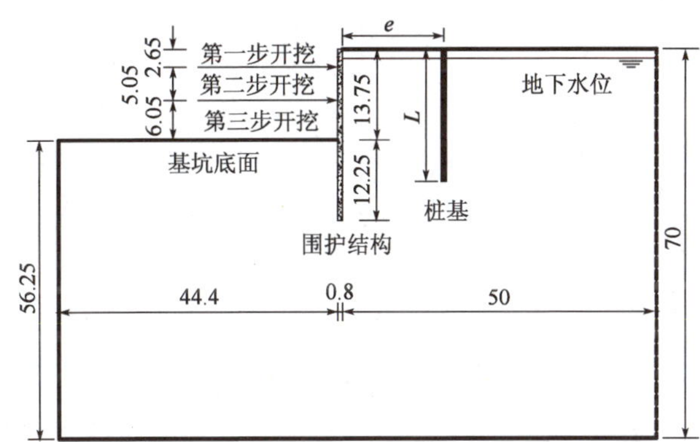

图 8-36　数值模型几何示意图(尺寸单位:m)

针对计算方案中的不同位置参数,分别建立有限元模型进行计算,得到不同基坑边缘与桩基中心线的水平距离 e 和桩底与基坑底的相对竖向距离 h 条件下的桩顶沉降与水平位移,其结果汇总于表 8-7、表 8-8 中。可以发现:①当 e 不超过 0.6 倍坑深时,桩基沉降并未随间距的增加产生明显减小的趋势,当桩基与基坑间距大于 0.6 倍坑深时,桩基沉降随间距增加而迅速减小;桩基水平位移也呈现出相似的分段变化规律,但其临界点位于 1.0 倍坑深处。②当 e 一定时,随着桩基长度增加,桩基的竖向沉降迅速减小,但水平位移并未产生明显变化。

桩基沉降值(单位:mm) 表 8-7

h \ e	0.1H	0.2H	0.4H	0.6H	1.0H	1.2H	1.4H	1.6H	2.0H
0.5H	-22.03	-22.63	-23.74	-24.92	-15.02	-7.644	-4.461	-3.578	-2.564
0.2H	-22.23	-24.05	-21.18	-17.04	-7.212	-3.985	-3.103	-2.64	-2.366
0	-21.85	-22.17	-20.51	-15.29	-6.656	-3.857	-2.972	-2.449	-2.178
-0.2H	-19.26	-18.79	-15.03	-8.941	-3.428	-2.489	-2.177	-2.045	-1.872
-0.5H	-8.711	-5.926	-5.093	-3.664	-2.153	-1.792	-1.7	-1.638	-1.490

桩基水平位移值(单位:mm) 表 8-8

h \ e	0.1H	0.2H	0.4H	0.6H	1.0H	1.2H	1.4H	1.6H	2.0H
0.5H	13.58	13.32	13.48	13.83	14.30	12.20	9.043	8.021	4.833
0.2H	13.41	13.33	13.9	13.87	14.16	12.52	9.449	8.468	4.930
0	13.38	13.56	14.87	15.45	14.14	11.27	9.089	7.577	4.740
-0.2H	13.57	14.37	15.23	16.20	14.59	11.68	9.061	8.219	4.735
-0.5H	13.34	14.18	15.29	15.91	13.91	10.95	8.812	7.394	4.513

(4)影响分区的建立

对不同 e、h 条件下的桥桩竖向沉降及水平变形数据进行插值处理,分别绘制桩基沉降极限值、预警值等值线,以及水平变形极限值、预警值等值线,如图 8-37所示。图中阴影区域为根据《上海市地铁沿线建筑施工保护地铁技术管理暂行规定》的相关规定设置的施工禁区。可以发现,无论是允许值还是警戒值,桩基竖向沉降等值线的包络面积均明显小于水平位移等值线的包络面积。因此,在邻近既有桥梁桩基开挖时,应将桩基的水平变形作为主要的变形控制指标,以确保基坑开挖过程中桥梁结构的安全性。

将影响区分界线简化为三段折线,并将竖向沉降和水平位移包络线进行合并,最终得到基坑开挖对邻近桥梁桩基变形影响分区图,如图 8-38 所示。

可以发现,当桩坑间距大于约 1.37 倍基坑深度时,即可避免使桩基变形超过极限值,当桩坑间距大于约 1.90 倍基坑深度时,即可避免使桩基变形超过警戒值,因此可依据桩坑相对间距初步判断桩基是否满足变形控制标准。基坑开挖引起邻近桩基变形区域分为A、B、C三区。实际工程中,针对不同区域内桩基需采取不同工程措施:桩底位于C区的桩基可无须采取特殊保护措施;桩底位于B区的桩基虽处于变形允许状态,但须加强量测和监测;桩底位于A区的桩基处于危险状态,必须采取加固保护措施。

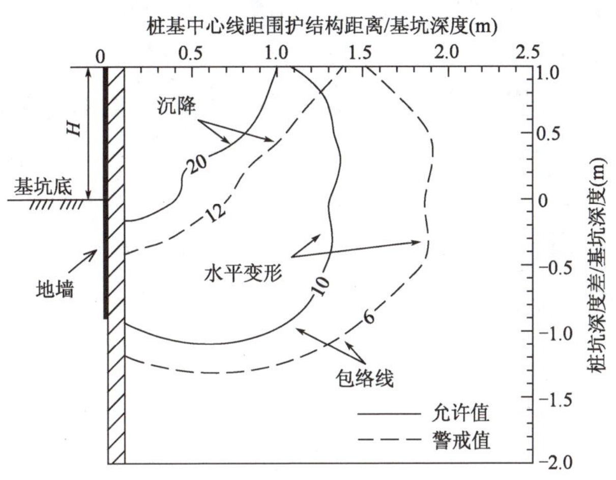

图8-37 不同变形控制值的影响区

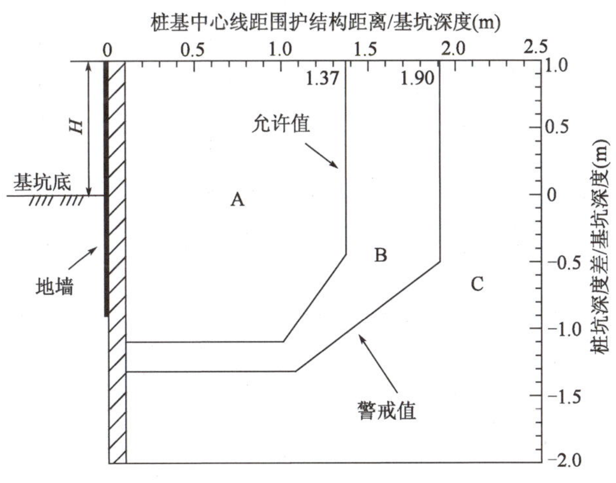

图8-38 基坑开挖对近接桥梁桩基的影响分区图

(5)小结

①随着桩长的增加,桩基沉降呈现逐渐减小趋势;当桩基与基坑间距小于0.6倍坑深时,随着两者间距的增加,桩基沉降并无明显变化,但当间距大于0.6倍坑深时,桩基沉降则会随桩坑间距增加而明显减小。桩基水平位移则主要受桩基与基坑间距影响,当间距小于1.0倍坑深时,随着桩坑间距的增加,桩基水平位移并无明显变化,但当间距大于1.0倍坑深时,桩基水平位移则会随桩坑间距增加而明显减小。

②近接施工过程中,桩基水平变形比沉降更容易超限,但当桩坑间距大于1.37倍的基坑深度时,即可避免桩基变形超过极限值;当桩坑间距大于1.90倍的基坑深度时,即可避免桩基变形超过警戒值(即极限值的60%)。

③依据相关规范,桩基变形影响范围划分为A、B、C三级分区,并提出了相应工程防护措施。

参考文献

[1] 上海市城市建设设计研究院. 上海市轨道交通 11 号线北段工程可行性研究报告调整方案(安亭站—花桥站)[R]. 上海:上海市城市建设设计研究院,2009.

[2] 吴楠,孟双和,丁潮,等. 新时期城市轨道交通发展理念探索[J]. 城市轨道交通研究,2018(3):1-4.

[3] 秦伟玲. 交通信息化与智能化对居民出行的影响[J]. 工程技术(引文版):2017,9(2):320.

[4] 黄新波. 谈 GIS 技术与 BIM 理念的结合[J]. 智能建筑与城市信息,2016(10):64-66.

[5] 约翰·普切尔,拉尔夫·比勒,孙苑鑫. 难以抵挡的骑行诱惑:荷兰、丹麦和德国的自行车交通推广经验研究[J]. 国际城市规划,2012,27(5):26-42.

[6] 林小峰. 让轨交站点成为景点——以澳洲悉尼地铁为例[J]. 园林,2011(10):38-39.

[7] 毕湘利. 城市轨道交通的规划建设理念应适度超前[J]. 城市轨道交通研究,2015,18(9):1-3.

[8] 齐增强,崔清岩. 我国城市轨道交通行业技术创新路径的思考[J]. 科技与企业,2015(12):161-162.

[9] 李兴高,袁大军. 论城市轨道交通领域的技术创新[J]. 城市轨道交通研究,2011,14(5):8-11.

[10] 张天奕. 快速公交系统对车辆选型的影响研究[D]. 上海:上海交通大学,2007.

[11] 苏晓声. 纽约地铁 100 周年[J]. 现代城市轨道交通,2004(4):63.

[12] 钱丽芳,谭喜堂,申朝旭. 北京地铁 1 号线运能现状及提高措施[J]. 城市轨道交通研究,2012,15(2):69-73.

[13] 中华人民共和国行业标准. CJJ/T 202—2013 城市轨道交通结构安全保护技术规范[S]. 北京:中国建筑工业出版社,2013.

[14] 上海市城乡建设和管理委员会. DG/TJ08-2170—2015 城市轨道交通结构监护测量规范[S]. 上海:同济大学出版社,2015.

[15] 北京市质量技术监督局. DB11-T915—2012 穿越城市轨道交通设施检测评估及监测技术规范[S]. 2012.

[16] POULOS H G. Pile groups settlement estimation-research to practice[C]//ASCE. Geo Shanghai International Conference 2006. Reston: ASCE, 2006: 1-22.

[17] FELLENLUS B H, KIM S R, CHUNG S G. Long-term monitoring of strain in instrumented piles[J]. Journal of Geotechnical and Geoenvironmental Engineering, 2009, 135(11): 1583-1595.

[18] 中华人民共和国国家标准. GB 50157—2013 地铁设计规范[S]. 北京:中国建筑工业出版社,2013.

[19] 中华人民共和国行业标准. JGJ 8—2016 建筑变形测量规范[S]. 北京:中国建筑工业出版社,2016.

[20] 刘云亮. 北京超大断面隧道近距离下穿地铁高架桥影响与控制研究[D]. 北京: 北京交通大学, 2015.

[21] 梁玉. 北京某大直径盾构下穿既有地铁桥梁影响研究[D]. 北京:北京交通大学, 2014.

[22] 周正宇. 地铁邻近既有桥梁施工影响分析及主动防护研究[D]. 北京: 北京工业大学, 2012.

[23] 张子新, 李佳宇, 周湘, 等. 近距离开挖卸荷条件下运营地铁高架桥墩响应研究[J]. 岩土力学, 2015, 36(12): 3531-3540.

[24] 李文勇. 深基坑开挖引起紧邻桥墩的位移分析[J]. 地下空间与工程学报, 2015, 11(增2): 706-712.

[25] 丁勇春, 王建华. 深基坑施工对高架基础的变形影响及控制研究[J]. 土木工程学报, 2012, 45(7): 155-161.

[26] 丁烈云, 李炜明, 吴贤国, 等. 武汉地铁施工对轻轨桥梁影响的数值与监测分析[J]. 铁道工程学报, 2010(11): 87-90.

[27] 吴楠. 基于深基坑施工期风险评估的安全指数研究[J]. 地下空间与工程学报, 2011, 7(3): 604-608.

[28] 吴楠. 地铁深基坑建设期动态风险监控体系研究[J]. 地下空间与工程学报, 2013, 9(3): 697-704.

[29] 吴楠, 肖军华. 软土地区地铁高架结构不均匀沉降特征与影响因素[J]. 交通运输工程学报, 2017, 17(2): 12-20.

[30] 王明年, 崔光耀, 喻波. 广州地铁西村站近接高架桥桩基影响分区及应用研究[J]. 岩石力学与工程学报, 2009, 28(7): 1396-1404.

[31] 《桩基工程手册》编写委员会. 桩基工程手册[M]. 北京: 中国建筑工业出

版社，1995.

[32] 上海市城市建设和交通委员会. DG/TJ08-61—2010 基坑工程技术规范[S]. 2010.

[33] Lei Wang, Zhe Luo, Junhua Xiao, C. Hsein Juang. Probabilistic Inverse Analysis of Excavation-Induced Wall and Ground Responses for Assessing Damage Potential of Adjacent Buildings [J]. Geotechnical and Geological Engineering, 2014,32: 273-285.

[34] 张治国，张孟喜，王卫东. 基坑开挖对临近地铁隧道影响的两阶段分析方法[J]. 岩土力学，2011,32(7): 2085-2092.

[35] 高盟，高广运，冯世进，等. 基坑开挖引起紧贴运营地铁车站的变形控制研究[J]. 岩土工程学报，2008，30(6): 818-823.

[36] Thomas Benz. Small-strain stiffness of soils and its numerical consequences [D]. Stuttgart, Germany: University of Stuttgart, 2007.

[37] T Benz, P A Vermeer, R Schwab. A small-strain overlay model[J]. International Journal for Numerical and Analytical Methods in Geomechanics, 2009, 33: 25-44.

[38] 徐中华，王卫东. 敏感环境下基坑数值分析中土体本构模型的选择[J]. 岩土力学，2010，31(1): 258-264.

[39] 张骁，肖军华，农兴中，等. 基于 HS-Small 模型的基坑近接桥桩开挖变形影响区研究[J]. 岩土力学，2018,39(S2):270-280.